MENSCH
UND UNIVERSUM

ISBN: 88-8281-033-X

© 1999 - Tutti i diritti riservati

Achille Carlo Felice Piotti

MENSCH UND UNIVERSUM

Armando Dadò editore
Locarno

A S.S. Papa Giovanni Paolo II, Roma

Ai miei figli
Achille-Antonio
Domitilla-Teodolinda

Alla memoria
della mia cara moglie Amparo e
del fedele amico Dr. Mario Slongo

Inhalt

13 Helvetien

15 Allein (1970)
17 Arm und reich (1970)
19 Die Ahnen (1971)
22 Ampara-Domitilla (1972)
24 Angst (1968)
27 Antlitz und Seele (1969)
29 Anima
30 Das Auge (1969)
33 Der Altar (1974)
35 Aus Deinem Schweigen (1967)
36 Ein Augenblick
38 Adam

40 Bangen (1995)
41 Braut (1990 u. 1995)
42 Bernina (1997)
43 Der Baum (1972)
45 Burg Gottes (1956)

47 Cuore

48 Dasein
50 Domine Miserere Nobis
51 Dämonen
53 Der Dom
54 Du bist da

56 Die Erde (1967)
58 Das Eisen (1970)
60 Einsiedler auf dem Berge (1946)

62	Einsam (1968)
63	Einheit von Leib und Seele (1966)
65	Entsagen (1969)
67	Erkenne dich selbst (1976)
68	Emigrant (1972)
70	Fiat Voluntas Tua (1970)
73	Der Frühling naht (1946)
74	Frühling I (1953)
75	Frühling II (1971)
79	Frühlings Erwachen (1956)
80	Der Freund (1972)
82	Fallen (Herbst) (1976)
83	Freude und Leid (1968)
85	Gottes Werkzeug (1970)
87	Glück I (1967)
88	Glück II (1968)
91	Gedanken (1967)
92	Geben (1966)
93	Gnade (1971)
94	Gebet Indios-Maya (1971)
96	Gott unser Fels (1970)
97	Geburt von Achille-Antonio (1971)
98	Glück und Gesang (1967)
99	Glühwurm (1952)
100	Gebet I (1960)
101	Gebet II (1967)
103	Gottes Schweigen (1969)
105	Gott ist der Seiende (1969)
108	Gebet III (1972)
109	Die Hand (1972)
111	Heimweh (1968)
114	Herbst I (1952)

116 Herbst II (1967)
118 Herz (1970)
120 Das Haus (1970)
122 Der Hammer (1972)

125 Inquies cor (1966)
127 Die Insel (1997)
129 Ich habe das Leben berührt (1967)

131 Die Krähen (1976)
132 Krankheit (1967)
134 Der Kahn (1969)
135 Das Karussell (1970)
138 Das Kleinod (1971)

141 Leiden (1968)
143 Leben (1967)
144 Lebenskunst (1968)
146 Licht (Gebet) (1952)
147 Licht (1957)

148 Madonna della Salute! (1952)
149 Mark der Seele (1968)
151 Die Maske (1968)
153 Mädchen-Greisin (1996)
154 Musik (1956)
156 Maya-Indianer (1966)
158 Macht des Geistes (1986)
159 Das Meer (1967)
161 Morgens früh (1996)
162 Mutter (1969)
164 Der Mutter Hand (1969)
166 Materie (1967)
167 Minne-Lied (1967)
169 Die Mütter (1967)

171	Nächstenliebe (1968)
173	Pandora (1970)
176	Prolog aus dem Johannesevangelium (1970)
178	Paradox (1968)
179	Requiem aeternam (1997)
180	Das Rad (1967)
183	Das Riff im Meer (1968)
184	Rosen und Verse (1966)
185	Sinne und Seele (1967)
187	Schneeflocken (1969)
189	Scheiden (1968)
190	Sehnsucht (1967)
192	Der Sturm (1967)
194	Sein und haben (1976)
196	Die Schöpfung (1966)
198	Der singende Greis (1945)
199	Soledad (1967)
201	Schlaf (1970)
204	Der Stein (1967)
206	Die Strasse (1970)
208	Schweigen (1956)
210	Schicksal (1967)
211	Salve Regina (1971)
214	Sieben Milliarden Menschen (1968)
216	Sursum Corda! (1946)
217	Ein Sommernachtstraum nach dem Gewitter (1952)
218	Schnee (1969)
220	St. Otmar (1974)
223	Stolz und Demut (1990)
225	Ein Tropfen (1946)
226	Träumen (1967)

228 Totentanz (1970)
231 Triebe und Drogen (1966)
232 Trotz (1967)
233 Ein Traum (1966)
234 Die Träne (1969)

236 Verstehen (1968)
238 Vergehn und werden (1967)
239 Verweht (1968)
241 Vergangen (1970)
242 Vergessen (1966)

244 Weihnachtskerze (1966)
245 Die Waage (1944)
246 Winzerfest in Lugano (1952)
247 Wo gehst du hin? (1971)
249 Weiss (1968)
252 Der Wind (1968)
253 Das Wort (1970)
255 Wo bist Du Gott (1967)
257 Was willst Du Herr? (1971)
259 Der Wille-Gebet (1970)

260 Zwillingsseele (1968)
263 Die Zeit (1970)

265 Ewigkeit (1976)

266 Ausklang (1996)

269 *Notiz*

Helvetien
Schweizerische National-Hymne

Helvetien ist Europas Herz,
Aus ihm vier Ströme sich ergiessen.
Der Rhein, die Rhon in Meere fliessen,
Geboren aus der Alpen Erz.

Ihr Kreislauf durch die Adern schlägt,
Den alten Kontinent durchflutet,
Von vier Kulturen wird durchblutet,
Von gleich viel Sprachen ist geprägt.

Das Schweizervolk aus vielen Stämmen
Geeinigt steht im alten Bund,...
Durch Kampf und Arbeit blieb gesund
Und stark,... die Freiheit zu bekennen.

Die höchsten Berge sind sein Haus,
Die Felsen, Gletscher sein Gewand,
Die Wiesen, Seen wie ein Band
Umgürten der Wälder grünen Strauss.

Die Schweiz auf Felsen ist gehämmert,
Durch manchen Sturm sie war bedroht.
Doch gingen lieber in den Tod
Als in die Knechtschaft ihre Männer.

Ihr grosser Bundesherr ist Gott,
Der Unabhängigkeit versprach,
Und sie bewahrt vor Not und Schmach.
...Für Freiheit kämpften sie, fürs Brot.

Das weisse Kreuz im roten Feld
Ist Gottes Siegel, Testament,
Der Zeuge, dass zeitlos, ohne End
Der Bund wird währen auf der Welt.

. . . .

Wenn Krieg die Welt erfasst, zerreisst,
Gewalt und Bosheit Menschen trennt,
Das weisse Kreuz, von Blut durchtränkt
Sein Purpurgrund, erstrahlet weiss.

Dem roten Kreuz entspringt die Kunde
Von Nächstenlieb und Gottes Güt.
Aus seinen Flammen strahlet, sprüht
Das Licht, das heilt der Menschheit Wunde.

. . . .

Drum sei gelobt, mein Vaterland,
Du Schweiz, mein schützend Haus und Hort!
Ur-Ahnen Dich am schönsten Ort
Erbauten!... reichten sich die Hand

21. April 1974

Allein

Ein Stück des Lebens hast du hinter dir,
Durch manchen Regen, Sturm und Sonnenschein.
In viele Hütten, Paläste gingst hinein,
Der Menschen laute Menge fandest hier.

Fast alle siehst besorgt in ihren Mühlen,
Dann andre, deren Lächeln um den Mund
Als Maske glänzend,... doch im Seelengrund
Die meisten des Lebens Lasten tragen, fühlen.

Doch wieder begegnest du dem Philosophen,
Der, unbeschwert und leicht beschwingt, erstaunt,
Dass andre rennen, reden, schlecht gelaunt,
Und nicht mehr sitzen können bei dem Ofen.

Wenn Schwäche, Elend dir die Brust beengt,
Ein Schicksalsschlag die Seele dir versengt,
Verlassenheit tief im Gesichte hängt,
Die Angst und Not dein Herz erschüttert sprengt:

Dann geh zu einem Freund, dem besten hin,
Damit die Tonnenlast er helfe tragen,
– Allein verlassen bist und kannst verzagen, –
Denn Hilfe tut dir Not als Retterin,

Die Hand du brauchst, die Hoffnung bringt und Helle,
Nur eine, welche heilt die wunde Stelle.
Die heisse Stirne sacht berührt und kühlt,
Und deine Tränen trocknet, mit dir fühlt,

Des Stromes Trösten in der Seele wehen.
Dann weisst du erst, dass nicht alleine bist:
Ein guter Freund Geschenk des Himmels ist.
...Mit dessen Hilf ich nimmer untergehe!

8. August 1970

Arm und reich

Die Armut liegt im Geist, mehr als am Geld,
Aus vollen Händen magst du Hilfe bringen,
Die Seel bereichern, und mit goldnen Dingen
Den Körper stählen für den Kampf der Welt.

Gar oft wirst du erstaunt, mit Sorg erleben,
Dass ohne Echo dein Wort. Auf leerem Land
Die gute Tat verschlossne Türen fand:
Trotz Eifer vermagst du nicht den Mensch zu heben.

Mit Reichtum, Silber, Gold ihn überschütte,
Bring Wohlstand, Wissen in die arme Hütte:
Den Schlummer bannst Du nicht mit Gold und Güte.

Man ist zu mild und will nicht weiter graben,
Die Speicher, die du angefüllt mit Gaben,
Entleeren sich: Besitz erträgt man nicht,
Das Netz fängt keine Fische, hält nicht dicht.

. . . .

Auch du warst arm, doch regte sich dein Geist,
Und deine Hände aus Steinen Dome bauten.
Gesät im Frühling, deine Augen schauten
Des Herbstes Fülle, die Frucht von deinem Fleiss.

Wenn nicht die Flamme ständig in dir brennt,
Die Unruh dich bewegt und treibt voran,
Nach immer neuen Zielen führt die Bahn,
Der Erde Schatz verschlossen bleibt und fremd.

Dann wieder bricht die Armut dort herein,
Wo Kunst und Arbeit stets die Herrschaft führten
Wo sich für immer müde Hände rührten,
Mit frischem Eifer bauten auf ihr Heim.

Die Krankheit bricht herein, Verheerung kennt,
Und knickt den Körper, die Kraft als auch den Geist:
Sie wütete, zerstörte; was dereinst
Der Mensch gebaut, und nahm ein jähes End.

. . . .

Ein Körnchen Armut hält die Sitten rein,
Die Menschen sind zufrieden mit dem Gut:
Auch eine kleine Gabe gibt uns Mut,
Aus eigner Kraft erworben, ist sie dein.

Wo Reichtum, Üppigkeit die Herrschaft führt,
Da nistet sich ein locker Leben ein.
Man will noch mehr und bleibt nicht mehr daheim,
Nicht stets zum Segen, zur Unruh Geld verführt.

5. August 1970

Die Ahnen

Der Ahnherr starb, der Vater sank ins Grab,
Gesegnet von geweihter Hand der Priester,
Vom Wind verweht die Spuren der Geschwister:
Entronnen sind der Zeit, dem Ort, der Hab.

Sie zogen hin in das gelobte Land,
Wo keine Sonnen brennen, trotz dem Licht
Das blendet, sich ergiesst in das Gesicht,
Verkläret wird der Augen tiefer Rand.

Noch steh ich da, umstrickt bin von der Zeit,
Im Kampf mit fremden Mächten, mich erwehre
Der Widersacher, halte hoch die Ehre:
Für GOTT und Menschenwürde gilt der Streit.

Das Schwert ich fasse im Angriff der Dämonen;
Als Glied des Lichtes stehe fest im Sturm:
Alleine verteidige den hohen Turm
Der Ahnen, die wachen und im Jenseits wohnen.

Sie sind in Wirklichkeit in meinem Tun,
Ihr Erbe gleich einem Schatz erfüllt mich ganz,
Aus hunderten von Jahren strömt ein Glanz,
Tief in die Seele mir, lässt mich nicht ruhn,

Bis andre Formen der ungeheure Hort
Hervorgebracht, und neues Sein erzeugt.
Was scheinbar tot, erneut dem Grab entsteigt,
Und neues Leben spriesset fort und fort.

In meiner Brust der Ahnen Ruf erschallt,
In meinem Denken prägt sich ihr Gemüt,
Aus ihrem Dunkel neue Helle blüht,
Durch meine Kehle ihre Stimme hallt.

Das Erbgut steckt zu tief in meiner Brust,
Aus dunklen Schluchten bis zur Oberfläche
Sich wälzt jetzt aus der Urkraft; ohne Schwäche
Ergiesst sich ganz ins Leben voller Lust.

Vom Berg der Ahnen die Lawinen stäuben,
Sich stürzen in des Daseins tiefes Tal,
Gewaltig formen, schmieden unser Schicksal,
An meiner Festung rütteln, mich betäuben.

Bin ich allein als Mensch des Schicksals Macht?
Denn tausend Kräfte, Schwächen in mir brüllen.
Die Triebkraft, Regung, die mein Herz erfüllen,
Gespiesen steigen aus dem tiefsten Schacht,

In dem der Ahnen Geister brodeln, dampfen,
Sich mischen, wandeln, von neuem sich verquicken,
Und frisch belebt, im Dasein nie ersticken:
Durch meine Werke hör ihr Rufen, Stampfen.

. . . .

Du Tor, glaubst nur aus eigenem Vermögen
Zu meistern deines Schicksals grosse Bürde,
Als Sieger zu bestehn die höchste Hürde,
Aus dir allein zu bauen Brückenbögen?

Ist jenes unbekannte grosse Werk,
Das aus den Händen und der Arbeit quoll,
Von den Gedanken deiner Ahnen voll?
Aus deinem Herzen sprang, gleich einem Berg,

Den deine Väter geduldig aufgetürmt,
Mit Eifer, Kummer, Freud besiegelten,
Als höchstes Gut bewahrt, verriegelten:
. . . .
Der Söhne Kraft sie trägt!... und weiter stürmt...

7. August 1971

Ampara-Domitilla

Die Mutter leise stöhnt, bäumt sich vor Weh.
Die Frucht ist reif, geformt und jetzt bereit,
Mit Schmerz, verbissner Kraft tritt in die Zeit:
Das Menschenkind, die Domitilla seh,

Liegt hilflos auf der Erde, wimmert, schreit:
Ihr erster Laut dem Jauchzen kommt mir gleich,
Denn aus dem Dunkel tritt ins lichte Reich,
Wo Sonne, Farben leuchten, herrscht die Zeit.

Obwohl der neue Mensch mit stillem Beben
Den Einzug hält, die Erde neu belebt,
Träumt weiter, schläft,... den Mund, die Zunge hebt,
Und schlürft die Milch vom Urquell für das Leben.
. . . .

Unwiderstehlich wächst des Körpers Dom:
Die Glieder, Muskeln dehnen sich und spriessen;
Gewinnt an Grösse, denn durch die Adern fliessen
Der Geist des Schöpfers und des Blutes Strom.

Zuerst das Haupt vom Boden hebt und löst,
Die Beine schlagen, stemmen sich nach oben,
Der Arme Ruderschlag, den Rumpf erhoben:
Schon steht das Kind, von Erde frei, erlöst.

Die Welt betrachtet, staunt zum ersten Mal,
Die Augen, Ohren öffnet, zu neuer Sicht,
Erhascht die Töne, trinkt begierig Licht.
Gleich wie berauscht, es lechzet nach dem All.

Zahllose Bilder von dem Himmel steigen,
Mit denen Geist und Seele aufgefüllt.
Geprägt wird nun der Leib, der sie umhüllt,
Dann wächst der Wettstreit in des Lebens Reigen.

27. November 1972

Angst

Gleich einem Tier nagt in der Brust
Ein leises fernes Weh,
Die Dämmrung, Nacht ich seh
Sich winden, raubend mir die Lust.

Die Glieder meines Körpers schwer,
Als ob mit Blei gefüllt;
In Schrecken eingehüllt
Ich torkle durch des Lebens Meer.

Die Unruh schüttelt mein Gebein,
Ich laufe hin und her,
Der Ängste grosses Heer
Stürmt aus der Ferne auf mich ein.

Mein Atem eilet, springet rast,
Der Brustkorb ist erschüttert,
In ihm die Seele zittert;
Die Angst trat ein, ist hier zu Gast,

Die, namenlos, des Friedens Raub,
Aus meinem Herz und Sinn,
Da fall ich hilflos hin,
Verloren bin ich, voller Staub.

Geschüttelt wird mir Mark und Bein,
Die Angst ist eine Macht,
Bedroht mich in der Nacht,
So hart und roh, als wenn ein Stein

*In meiner Brust sich dehnte aus,
Zerquetschte meinen Hauch,
Zermalmte mir den Bauch:
In Trümmer liegt mein elend Haus.*

*Die Angst ergreift mich wie ein Tier,
Das wild mein Kröse nagt,
Den Herzensfrieden plagt;
Ich stöhne laut und werde irr.*

*Nach Hilfe ruf ich, steh mir bei
Du Wandrer auf dem Weg,
Beschreit den engen Steg,
Der mich geleite, mache frei.*

*Die Angst, durch meine Seele fegt
Und keine Weile hat,
Sie nagt und macht mich matt,
Bleibt unbestimmt und unbewegt.*

*Ich sinke hin und kann nicht mehr,
Angst löse deinen Griff,
Auf dass mein Lebensschiff
Dem Sturm entrinn, dem rauschend Meer.*

*In meinem Schmerz ich ruf zu Gott:
Hilf Du und steh mir bei,
Von Leiden mach mich frei,
Erlöse mich von Angst und Not!*

Die Furcht, die meine Seel erfasst,
Sie lähmet meine Kraft,
Ich bin in Kerker-Haft,
H e r r gib mir Fried, nimm weg die Last.

23. September 1968

Antlitz und Seele

Wo steht geschrieben, dass sich meine Seele regt,
An welcher Stelle meines Leibs das Leben spielt?
Wie eine Quelle sprudelnd aus dem Abgrund quillt,
Aus fernen Tiefen zur Oberfläche sich bewegt?

Gleich einer Sonne wird die ganze Energie
An einem einzigen Punkt vereint und ausgestrahlt:
Der Seele Allgewalt sich auf dem Antlitz malt,
Aus dem Gesichte strömt des Lebens Symphonie:

Die meinen Leib beschwingt, durchrieselt, ihn belebt,
Erzittern lässt, Gefühle weckt, Gedanken schafft,
Entsprungen aus des Menschen Urgrund;... aus der Haft
Sich löst, befreit: zum Lichte durch das A u g e schwebt.

Ein frisches Lachen mein Gesicht verklärt, erhellt,
Gleich einem Spiegel hundert Freuden widerstrahlt,
Vom Glück verklärt die Seele klingt und jauchzt. Es hallt
Musik, und strömt hinaus durchs A n t l i t z in die Welt.

Durch Ungemach und Trauer, aufgewühlt das Leid,
Mein ganzes Wesen zittert, stöhnt, verzagt und weint,
Als ob es Nacht geworden,... kein Hoffnungsstrahl mehr scheint,
Dann springen Blitze, Donner durchs Antlitz aus dem Leib.

Und wenn der Zweifel nagt, durchbrütet mein Gebein,
Enttäuschung wühlt mir auf und ab der Seele Flut,
Ein leises Zagen rüttelt, vergiftet mir das Blut:
Des Auges Glanz verblasst, löscht aus des Antlitz Schein.

Dann wieder steigt die Hoffnung auf im Angesicht,
Ein leises Sehnen kündet und redet mir von Glück,
Obwohl noch fern und weit,... ein winzig kleines Stück
Verklärt mit seinem Strahl, entzündet neues Licht.

. . . .

Mag voller Plagen heut mein Auge trauern, weinen,
Es kommt der Tag, die Zeit, die Freude wird erscheinen,
Die Schatten weichen,... Die schwarze Wolkenwand durchbricht:
Die Sonne strahlt erneut, und bringt dem A n t l i t z   L i c h t.

14. September 1969

Anima

Kannst du mir sagen, wo die Seele weilt,
In wie viel Winkeln meines Leibs sie glüht?
Durch welche Venen sie mein Herz durcheilt,
Aus was für Quellen der Gedanke sprüht?

Hast du ergründet, wo die Seele ruht,
Aus welchen Speichern sich ernährt der Geist?
Wo wird entzündet der Gedanken Flut,
Und wo der Funken, den man Leben heisst?

Hast du gefühlt, wie deine Seele pocht,
Wenn dich das Schicksal greift mit harter Hand?
Bist du gewahr des Aufruhrs, wenn sie kocht
Und schäumet?... Zersprengen will des Leibes Band?

Das Auge

Der S c h ö p f e r sprach: «ES WERDE LICHT!»
Der Tag sich neigte auf die Erde,
Auf dass die Nacht erlöset werde,
Ein Strahl berührt ihr Angesicht.

Wo war das Licht, wo Helligkeit,
Wie konnt die Nacht ich unterscheiden,
Den Gegensatz von diesen beiden,
Betrachten wir in Raum und Zeit:...

Wenn nicht das Aug erkennt und sieht,
Berauscht vom Lichte trinkt und schaut
Die Welt aus Farben aufgebaut:
Ihr Strom durch die Pupille zieht.

Vermag der Wurm im Reich der Nacht,
Der Maulwurf in der Erde Falten,
Des Lichtes Strom, die Farbgestalten
Zu sehen, in der Schöpfung Pracht?

Selbst in des tiefsten Meeres Schlund
Regt Leben sich in Dunkelheit;
Kein Strahl der Sterne bringt die Kund.
Nur Nacht mit Frost und Einsamkeit.

Die Sonne spielt, durcheilt den Wald,
Der Blätter Augen, weit und dicht,
Berauscht sind, gierig trinken Licht
Aus ihnen das Leben nimmt Gestalt.

Das Licht baut auf das Grün im Laub,
Den Sauerstoff, das Chlorophyll,
Das Rot und Blau im Blumenspiel,
Färbt braun und gelb den Blütenstaub.

Nach Sonne lechzt die Kreatur:
Der Baum, das Tier, was kriecht und fliegt.
...Durch Nacht gelähmt, im Schatten liegt,...
Das Licht verwandelt die Natur.

Des Universums tiefste Nacht,
Die Welt von Dunkelheit gefüllt,
Aus der das Licht der Sterne quillt,
Der Sonne Schein in seiner Pracht;

. . . .

Wo ist das A u g e, das durchringt
Die Weltenräume, kalt und leer,
DAS sieht der Sterne endlos Heer,
Wo ruht der B l i c k, der sie umschlingt?

Selbst wenn kein End im Weltenraum,
Das Universum grenzenlos:
In jedem Winkel, klein und gross,
Bis zu der Sterne letztem Saum.

Das AUGE GOTTES schaut, durchdringt,
Erschafft und wirkt, spricht leis, umschlingt
Die Schöpfung und des Kosmos Raum:

. . . .

Wo Nacht, – wird Licht, der Tod zum Leben:
Denn aus der G o t t h e i t Tiefen schweben
Das «WORT»,... der «BLICK». Die «TAT» ist nah:
GOTT schaut:... SEIN WERK ist gut, steht da!

28. Juli 1969

Der Altar

Gehst du den ersten Menschen auf die Spur,
An Ihren Opfern wirst du sie erkennen:
Die Pflanzen, Tier auf dem Altar verbrennen,
Stets opfern, solange schlägt der Menschheit Uhr.

Im D o m e ruht die ganze Christenheit,
In ihm vereint die Schätze der Kultur,
Die Kathedrale ist der Weg, die Spur
Des Abendlandes, Weisheit, Frömmigkeit.

Doch wär sie leer!... obwohl von Geist erfüllt,
Wenn nicht ein Mittelpunkt, wie ein Magnet,
Um den sich alles dreht, was lebt und steht:
In ihrem H e r z die GOTTHEIT liegt gehüllt.

Der Kathedrale Brennpunkt: DER ALTAR
Ist Golgatha,... die Z e i t wird aufgehoben
Das g ö t t l i c h L a m m, am Kreuzesholz erhoben,
Als Opfer für die Menschheit bringt sich dar.

Und spricht der Priester: «Das ist mein Leib und Blut,»
Dann stürzt die Z e i t zur E w i g k e i t, der Raum
Zerrinnt, der Dom zerfliesst gleich wie ein Traum:
G o t t - M e n s c h vereint, als Opfer hängt am Baum,
Erlösung bringend,... des L e b e n s höchstes Gut.

. . . .

Warum das Leiden in die Menschheit drang,
Weshalb der Schmerzen voll die Kreatur,
Die Drangsal, Krankheit ein Anteil der Natur?
...Bleibt ein Geheimnis!... ein ganzes Leben lang.

27. Mai 1974

Aus Deinem Schweigen

Aus D e i n e r Schöpfung Schweigen
Der Kosmos wird erfüllt,
Der Sterne Bahn umhüllt:
D e i n e W o r t e steigen.

Gewaltig drehen Sonnen
Durch Räume ohne Enden,
Aus ihren Wirbelbränden
Lautlose Kreise sponnen.

Planeten rasen hin
Mit ungestümem Lauf;
Es jagt der Sterne Hauf:
...Doch Schweigen ist ihr Sinn.

Trotz Drehen und Bewegen
Der kreisenden Atome,
Planeten um die Sonne,
Nicht einen Laut erregen.

. . . .

Durch D e i n e r Schöpfung Schweigen
Ich kann die Stimm vernehmen:
Zum Menschen hin verströmen,
Sich G o t t e s Worte neigen.

13. August 1967

Ein Augenblick

Magst du auch während hundert Jahren
In Tugenden und Weisheit glänzen,
Wird deine Stirn der Lorbeer kränzen,
Magst Weisheit dieser Welt erfahren.

Selbst wenn du Städte bauen solltest,
Und Gold aus reichsten Minen schürftest,
Den Wein deinen Reben schlürftest
Und Tonnen Mais zur Tenne rolltest;

Besitz die Künste aller Welten,
Entlock Musik den Instrumenten,
Spiel Symphonien in dem Chor. —
Betrachte deiner Blumen Flor,
Die als die schönsten Gärten gelten.

Du magst die Güter mit dir tragen
Aus allen Reichen und Nationen;
Erfreue Dich am Wohlbehagen
Auf Deines grossen Reiches Thronen.

Bekannt bist du durch Wissenschaft,
Dein Körper strotzt in voller Kraft.
Hast nicht ein Weib, ein Bild der Würde,
Nicht Söhne, Töchter reich an Ehr?
In deinem Tross die starke Wehr,
Die schützt nun deines Hauses Bürde?

Nicht eine Makel bliebe kleben
An deinem Spross und guten Leben:...
Da kam der trübe Tag, die Stunde,
Die einzige Minute, Sekunde:
Den kleinsten Fehler hast begangen!

. . . .

Die Menschenmeute heult gar hohl:
«Es tut ihm wohl!»
«Der Wüstling möge sogleich hangen!».

Adam

Ich bin allein auf Erden!
Der Einsamkeit entspringt ein Schrei:
Gott, gib mir den Gefährten!

Ich kann nicht einsam wandeln,
Die Welt erstarret mein Gebein,
Des «Du» beraubt nicht handeln.

Gib eine Frau mir Herr.
Erleuchte so die Nacht,
Sonst bin ich einsam, leer.

Ein Weib, das mich erfüllet,
Und meinem Wesen Leben schenket,
Das mich mit Huld umhüllet.

Mein Ebenbild gewähre,
Die Magd, mach sie zur Königin,
An ihrer Seit mich nähre.

Die Wurzel, die sie treibet,
Den Baum verankernd, meine Krone,
Mir Brot und Kraft verleihet.

Sie ist mein Spiegel und mein Bild,
In dem die Seel sich wieder findet,
Bedeutet Leben mir und Schild.

Ihr Atem mit dem meinen rauscht,
Ihr Herzschlag aus dem meinen strömt,
Mein Denken hat sie abgelauscht.

Die Frau, nach der mein Herz begehrt,
Sie ist mein ich und meine Seel,
Von Schönheit voll und reichstem Wert.

Bangen

Wir haben Angst,
Warum denn bangst,
Weshalb du fürchtest,
Nach Wissen hungerst,
Und Dasein dürstest?

Lass dein Zittern!
Den Gewittern
Bist ausgesetzt,
Und findest jetzt,...

Was suchest du?
...Den Frieden,... Ruh!

29. Juni 1995

Braut

*Wenn du das Herz gefunden, das mit dem deinen dauernd
  schlägt;
Das Gut, das Glück hat dich erhascht und zu dem Himmel trägt.
Das Leben hat so viele Tücken, ist eine wilde Fahrt,
Drum bleibe weise, baue Brücken zur Seele deiner Art.*

*Schau nicht auf Gold und nicht auf Perlen, nur eines bringt
  dir Glück;
Des guten Herzens Weisheit dich umfängt,... von dir ein Stück.
«Das Leben ist ein Traum, das Glück ein Schatten»: Grillparzer
  spricht.
Von diesem Schlaf und Wachen dich befrei,... erblick das Licht!*

*Wenn deine Braut dich liebt und hegt, stets versteht, ermuntert,
Dann kommt zu dir die Freud, bleibst immerfort und mehr
  verwundert,
Dass beide Seelen verschmolzen, vereinigt sind im Lebensstreit.
Sich stützend teilen ihre Sorgen, und bleiben stets bereit
Den Kampf zu führen auf der Erde, wo Tugend uns befreit.*

*«Da werden Weiber zu Hyänen, entsetzlich treiben Scherz»:
Der Dichter Schiller ermahnt zur Vorsicht uns, denn nicht das
  Herz
Allein wird eine Frau bestimmen, die kraftvoll trägt den Schmerz.*

Stets auf die guten Sitten achte, die Schönheit ruhe jetzt.

8. August 1990 u. 23. Juni 1995

Bernina

Du stolzer Berg, die Sonne küsst die Stirne
Dem Thron der Götter ähnlich dein Felsenhaupt,
Ein Riese, in den Alpen aufgebaut,
Stehst einsam, umsäumen dich die Firne.

Um deine schwarzen, harten Felsenflanken,
Die Gletscherwände, zerrissen und gespalten,
In weissen, grünen und gezackten Falten,
Den Schlangen gleich um deinen Rumpf sich zanken.

Den alten Kampf du führst, seitdem du stehst,
Zur Höhe den Nacken ungebrochen hebst,
Lawinen donnern, brausen, du erbebst,
Den Stürmen, Wolken, Nebeln widerstehst.

Vor zehn Millionen Jahren aufgebaut,
Des Architekten H a n d die Form dir prägte,
Zu deinen Füssen schon sich Leben regte:
Ein Meer und andre Wesen hast geschaut.

B e r n i n a, gekettet bist du von der Zeit,
Die dir entglitt, gleich wie der Firn hinschmolz,
Die kam und ging, derweil du stehest stolz,
Den Blick gerichtet hin zur Ewigkeit.

Wenn endlich gekommen sind die letzten Tage,
Die Schöpfung neugeboren aufersteht,
Das S e i n sich nicht mehr ändert, nicht vergeht:
Du hoher Berg hinauf zum Himmel rage.

1997

Der Baum

Vom Hügel eingefasst steht fest der Baum,
Von Wiesen wird umhüllt und auch vom Wald.
Doch wenn du näher trittst, erkennst du bald,
Den breiten Stamm; die Krone strebt zum Raum.

Ihr grüner Blätterball, rund wie ein Stern,
Der Erd entweicht, zum Horizont entflieht,
Steigt immer höher, den Hügeln sich entzieht:
Der Äther ist sein Reich, die weite Fern.

Des Baumes Kugel gegen Himmel schaut,
Vom Lichte wird umwebt, von reiner Luft.
Aus ihr entsteigen Vogelzwitschern, Duft:
Gleich Wolken sie entströmen ohne Laut.

Der mächtige Stamm hält seine Krone fest,
Gewaltig das Holz, das sich zum Himmel streckt,
Durch dessen starken Arm befreit, sich reckt
Und taucht hinein zum Äther sein Geäst.

Des Baumes Krone entwindet sich der Zeit,
Saugt wie ein Schwamm der Geister Quellen ein,
Betrunken schlürft sie ein des Lichtes Schein,
Vom Echo wird erfüllt der Ewigkeit.

Was sie empfängt aus jenen hohen Sphären,
Dem trotzigen Stamme wird es mitgeteilt,
Durch dessen Holz des Himmels Nektar eilt
Hinab zur Erde, wo die Wurzeln gären,

Und weitergraben in der Erde Tiefen,
Die Nahrung schöpfen aus ihr Gestein:
Des Baumes Anker, die Stützen, sein Gebein,
Die Wurzeln leben, in der Nacht sie schliefen.

. . . .

Je tiefer sie der Erde Mark durchdringen,
Dann stärker, höher wird des Baumes Stamm,
Aus dem die Krone steigt hinauf zum Kamm
Des Himmels,... wo Licht und Geisterchöre singen.

10. August 1972

Burg Gottes

Allein ich schreite jeden Tag
Auf meinem Lebensweg dahin,
Umsonnt, umwölkt bleibt mir mein Sinn,
Und Freuden wechseln mit der Plag.

Ich gehe tapfer, unentwegt.
Zum Ziele wend ich meinen Blick,
Mit Eifer, Kraft und mit Geschick,...
Doch auch verzagt, von Angst bewegt.

Das Glück zu stürmen zieh ich aus,
Ich schwacher, kühner Reitersmann,
Des Himmels Höhen streb ich an:
Dort ist die Heimat und mein Haus.

Doch tiefes Schweigen lastet schwer
Den ganzen langen Weg entlang.
Ich irre lautlos, still und bang:
Ein ächzend Schiff auf weitem Meer.

Mein Nachen taumelt auf der See,
Und strebt der fernen Insel zu.
Am Steuer steh ich ohne Ruh,
Bis ich den Vater wiederseh.

Verborgen liegt der grosse Gott,
Gleich einer Festung auf dem Berg.
Erobern will ich kleiner Zwerg
Die Burg erklimme ohne Not.

*Doch wie ich stürme hin zum Turm,
Ersteigen will die höchste Zinne:...
...Da plötzlich werde ich mir inne:
Dass Gott sich neiget hin zum Wurm.*

24. April 1956

Cuore

. . . .

Solange deine Kraft mir beut,
Werd nimmer zittern in dem Sturm,
Erklimmen auch den höchsten Turm
Das grösste G u t bewahren heut
Und morgen,... in dem Lebensstreit.

. . . .

Dasein

Kannst du ermessen,
Und nicht vergessen,
Was Leiden heisst im Menschen?

Die Masse derer,
Verständnislos,
Sie ist so gross:

Sind keine Lehrer,
doch sie tost:
«Das ist dein Los!…».

Sind voller Frost,
Ohn' Lieb und Trost.
Selbst wenn man schmachtet,
Darauf nicht achtet:

Ein jeder muss sein Schicksal tragen,
In bösen und in guten Tagen:
Muss er allein,
Verlassen,… klein.

Nur wenn du selbst den Kelch getrunken,
Zu Boden stürzest,… hingesunken:

Kannst dann ermessen
Das Schicksal dessen,
Der ist geschaukelt
Im Leben,… strauchelt:

Doch hat ein Ziel:
Weiss er nicht viel,
Doch eines!
DAS DASEIN IST KEIN KINDERSPIEL.

Domine Miserere Nobis

HERR komme, gib uns Dein Erbarmen,
Die wir Dich suchen, nahe Dir eilen
Zu Dir uns drängen, bei Dir weilen,
Den Trost uns gib in Deinen Armen.

Denn ohne Dich wir dürsten, darben,
Aus Deinem Licht wir trinken all,
Bring Wärme und durchdring das All,
Mit Deiner Glut und Deinen Farben.

In Kälte erstarrt ist mein Gebein,
Bin einsam ohne Deine Stimme,
Dein Feuer brenn, die Glut erglimme,
Schenk neues Leben meinem Sein.

Kennst wohl die Armut meines Wesen,
Und weisst um meiner Seele Not,
Erfülle mich, gib mir Dein Brot,
Durch Dich kann heilen ich, genesen.

Die Unruh, die im Herzen tost,
Mein Wesen quält, den Brand entfacht,
Dem Frieden weiche, schnell und sacht,
Ihn schenke mir und gebe Trost.

Die Einsamkeit umgibt mich ganz,
Verständnislos die Menschen sind,
Drum komme DU zu mir im Wind,
Durchbrause mich mit Deinem Glanz.

Dämonen

Wer von den Sterblichen nicht glauben sollt,
Dass Wesen körperlos die Welt beleben,
Dämonen, kämpfend mit dem Licht, erbeben,
Der horche, wie der Menschheit Schicksal rollt.

Des Himmels Sphären werden jäh zersplittern,
Die Geisterscharen strömen aus ins All:
Ihr Feuerhauch wird Licht! Ihr Widerhall,
Ihr Rauschen, Lärmen, die Erde lässt erzittern.

Im Universum sammeln sich Legionen:
Der Höllenengel Leuchten ist verschwommen,
...Der Nacht entsprungen, dunkle Geister kommen,
Zerstörung bringen, stinkende Dämonen.

Der Kampf ist zeitlos zwischen Licht und Nacht,
Er tobt und heult, wogt furchtbar hin und her.
Der Massen Schlacht gleicht einem wilden Meer
Vom Wind gepeitscht, entfacht von Sturmes Macht.

Dämonen lachen, heulen, treiben Scherz,
Die Welt ihr Tummelplatz, der Mord ihr Spiel.
Vernichtung und Zerstörung ist ihr Ziel:
Aus Leben Tod, die Freude wird zum Schmerz.

. . . .

Nur in den Welten, nicht in uns ich fand
Dämonen? tobend, treiben sich herum?...
...Auf einmal weichen sie und werden stumm:
Des L i c h t e s E n g e l haben sie gebannt.

Getröstet uns sie, bringen Licht und Ruh,
Mit Hoffnung uns erfüllt den Frieden geben,
Aus welchen Freude wächst und neues Leben:
Ja Leben! Licht!... zu euch wir streben zu!

Der Dom

In Chartres steht vor mir die Kathedrale,
Die beiden Türme streben himmelan:
Durch ihrer Äste Rankenwerk die Bahn
Mich immer höher zieht hinauf zum Grale.

In beiden Türmen liegt der Gotik Geist:
Zwei Händen gleich, gefaltet zum Gebete,
Durch sie die Wolkenwände spalt, betrete
Den Himmel, der zum Jenseits dringt und weist.

Zu ihren Füssen die Kathedrale steht:
Das blaue, rote Licht die Schatten füllt,
Verzaubert aus dem Lied der Gläser quillt,
Der Säulen Wald umhüllet das Gebet.

Im Dom zu Chartres die Stille mich umfängt,
Aus der das Dröhnen, GOTTES Rauschen, Schweigen:
Die Menschen ehrfurchtsvoll sich vor IHM neigen:

. . . .

Ein Weihrauchwölklein an den Pfeilern hängt.

Du bist da

> Als Moses den Berg Sinai hinaufstieg, erblickte er einen brennenden Dornbusch, dessen Brand sich nicht verzehrte, und aus dem eine Stimme ihn anredete: «ICH BIN DER DA IST».
>
> *Moses, Exodus* III, 2

Im Schweigen höre ich DEIN Rufen,
Wo Leere klafft, bist DU die Fülle,
Der Meere Tosen DEINE STILLE
Umfängt!... Und DEINE HÄNDE schufen.

Aus DIR das Universum strömt,
Und jedes Sein empfängt Gestalt.
Der Erde Vielfalt durch DICH dröhnt;
Die Luft durchbrausest mit Gewalt.

Dort bist DU, wo noch herrscht die Zeit.
Den Raum in allen Winkeln füllst.
DEIN SEIN durchdringt die Ewigkeit;
Die Himmel mit der HAND umhüllst.

DEIN FINGER baut was unsichtbar,
Durchdringt auch die Bakterientüren,
Was ultramikroskopisch war
Erschaffst!... Zum Kunstwerk wirst es führen.

DEIN ARM die riesigen Planeten,
Die Sonnen dreht, bewegt und hält,
Die Bahnen steuerst der Kometen,
Und zimmerst das Gebäud der Welt.

Für DICH das «DA» ist gleich dem «DORT».
Stets wird DEIN SEIN aus einem «IST»
Vergangen nicht und Zukunft: «DU BIST»
Das «SEIN» und Walten, fort und fort.

Im Dunkel wohnst, dort ist DEIN Haus;
Von grellstem Licht bist DU erfüllt,
Von Sonnenfarben stets umhüllt,
Von DEINEM WESEN strömst DU aus.

. . . .

Nun weiss ich, dass DU mich begleitest,
Umfangen hälst an jedem Ort,
Dass meine Schritte führst und leitest,
Mein Wollen, Denken immerfort.

Durchdringst nicht nur mein spröd Gebein,
Gedärm und Herz, den Blutkreis führst
Durch meiner Adern dunklen Hein,
Selbst des Gehirnes Bahnen rührst.

Tief in die Seel mir dringst DU GOTT!
Sie sei DIR Wohnung, Haus und Thron!
Die Tür ich schliess!... Gefangen schon:
Stets bleib in mir, bei DEINEM Piott!

Die Erde

> Coatlicue, Diosa de la tierra,
> la todoscreadora y todosdestructora.
>
> «*El Popol Vuh*», *Los Mayas*

Perecer para nacer,... Stirb und Werde.

Im Universum, uferlosen Raum,
Millionen Sonnen brennen, glühend gleissen,
Die Bahnen den Planeten-Körpern weisen,
Sich drehend, rollen,... bis zu des Welt-Alls Saum.

Inmitten der Milliarden Sternen-Wagen,
Die Schwärmen ähnlich durch die Leere schweben,
Die Erde, ein Planet gefüllt von L e b e n,
Umkreist die Sonne, von S c h ö p f e r s   H a n d getragen.

Die Erde, wie ein Sandkorn in der Wüste,
Durch G o t t e s   H a u c h berührt, geweckt, erbebte,
Aus ihr die Schöpfung ward,... das Meer belebte
Mit Fischen sich und mit Getier die Küste.

Der Erd-Planet zum Riesenball geworden,
Der seit Ur-Zeiten drehend sich bewegt,
Auf dem sich stetig neues L e b e n regt:
Aus Zellen werden Pflanzen, Tiere, Horden.

Das Mark der Welt, die ohne Pause kreist,
Von Magma ist und Feuer angefüllt:
Die Rinde wird von Bergen, Meer umhüllt,
Von heissen Wüsten, Polen die vereist.

Die Erde ist die magische Substanz,
Von GOTT berührt:... Zu mannigfachen Wesen
Sich umgestaltend und, was einst gewesen
Verwandelt wird, erscheint in neuem Glanz.

Denn alles zieht sie an mit voller Kraft:
Mag noch so hoch ein Vogel fliegen, steigen,
Selbst noch so fern, Raketen wieder neigen
Zurück zur Welt, zum Ursprung ihrer Haft.

Die Erde ist die magische Gestalt,
Aus der das L e b e n keimt, dann wächst und gährt,
Durch sie die Schöpfung unentwegt gebärt,
Stets neu erschafft, erfüllet mit Gehalt.

Die Hand der Erde träufelt neues S e i n
Dem Samen ein, bis Pflanzen aus ihm spriessen,
Die Säfte durch die Wurzeln lässt ergiessen,
Aus der die Blüte wird zur Frucht, zum Keim.

. . . .

Doch ist die Erde nur die Schöpferin?
Was immer sie hervorgebracht, geboren,
Es wird zerstört und stirbt!... doch nicht verloren:
...Durch «TOD» das «WERDEN»! Aus Verlust Gewinn.

1967

Das Eisen

Du hartes Element aus schwerem Eisen,
Unbeugsam du verharrst, lässt dich nicht formen,
Den Nacken niemals beugst und allen Normen
Hartnäckig trotzest;... gegen viele Weisen
Dich aufbäumst,... die Stärke willst, die Kraft beweisen.

Du kaltes Erz, denn keine Wärme hegst,
Aus dir die Menschen die Maschinen schaffen,
Durch dich entstanden Werke, Häuser, Waffen,
Es schmilzt das Eis, du aber nicht vergehst:
Jahrhunderten du trotzest, widerstehst.

In deinem Element aus totem Erz
Wohnt eine Seele, die verborgen liegt:
Mit einem Hammerschlag das Leben fliegt
Als Glockenton heraus,... aus deinem Herz,
Den Menschen kündend nicht nur Freud, auch Schmerz.

. . . .

Mag scheinbar ungebändigt sein das Eisen,
Die Härte, Kälte seinen Nacken steifen,
Erst in das F e u e r tauchend kann es reifen,
Durchglüht, geschmeidig wird es sich erweisen,
Wenn auf dem Amboss seine Funken gleissen.

Der Hammer gibt ihm neue Form, Gestalt,
Was hart, wird durch die Glut des Feuers weich,
Und was beständig stets erschien im Reich
Der Elemente, geschmiedet mit Gewalt:
Was leer erschien und kalt, erfährt Gehalt.

. . . .

Dem Eisen gleich, mein Nacken trotzt dem Sturm,
Will sich nicht beugen vor des Lebens Last.
Mein Wesen bäumt sich auf, verfolgt mit Hast
Das Glück, verlockend schön erscheint die Rast,
Doch kaum besitzend,... sie verloren hast.

5. April 1970

Einsiedler auf dem Berge

Hoch oben in der Felsengrotte,
Fern von Menschen nah zu Gotte,
Hebt sich die Kapelle.
Klinge, klinge Glocke!

Zur Einsamkeit hingewendet,
Zu höchstem Leben ist gesendet
Einsiedler auf dem Berge.
Bete, bete Glocke.

Sobald die Nacht dem Lichte weicht,
Aus tiefem Tal der Schatten schleicht,
Höre aus der Höhe:
Singe, singe Glocke.

Die Menschen eilen, schaffen, streiten
Ums Brot, zum Fest; zum Grab begleiten
Sterbliche hienieden.
Schwinge, schwinge Glocke.

Und wenn der Krieg im Lande lodert,
Durch Pest und Tod der Mensch vermodert,
Reine Stimme weine.
Bringe, bringe Glocke.

Den Frieden bringe auf die Erde!
Dass Güte, Einsicht, Liebe werde,
Rufe Glocke allen.
Rufe, rufe Glocke!

In Unruh sind wir Pilger hier,
Noch kaum geboren scheiden wir,
Gesättigt von der Reise.
Bleibe, bleibe Glocke.

Folg unsrer Fährte hierzuland,
Zur edlen Tat reich uns die Hand.
Treue Glocke immer;
Helfe, helfe Glocke.

Hoch oben in der Felsengrotte,
Fern von Menschen, nah zu Gotte,
Hebt sich die Kapelle.
Klinge, klinge Glocke!

8. Januar 1946

Einsam

Ist wohl der Mensch zur Einsamkeit geboren?
Summt wie die Eintagsfliege auf der Blüte,
Schaut tief hinein in jene Pracht und Güte,
Die Dasein zeugt,... und geht hernach verloren?

Vermag ein Mensch die ganze Lebenswelle
In seinem kleinen Herzen einzufangen?
Steigt denn nicht auf in ihm das Sehnen, Bangen,
Den Widerhall zu finden einer Seele?

Ein lautes Echo aus geliebtem Munde?
...Ein Ruf, der zu ihm eilt, wie Balsam lindert,
Wo Schmerz gefesselt hält, die Freude hindert,
Da wirkt erlösend eines Wortes Kunde!

Denn Einsamkeit ist jedes Menschen Feind!
Allein wird elend, schwach, ersticken, darben.
Doch alte Wunden, Leiden, tiefe Narben
Sie heilen, wenn Gemeinsamkeit vereint.

Ist Angst nicht grösser, wenn durch Einsamkeit
Hinein gepresst, durch Not, Verlassenheit,
Wenn scharf geschunden durch Gebrechlichkeit
Und Leere,... verloren die Geborgenheit?

Dann stürzt die Abgeschiedenheit ins Herz,
Stösst einen Seufzer, Schrei nach Hilfe aus,
Und bangt, erzittert, sehnt sich dann nach Haus,
Und nach der Hand, die lindert seinen Schmerz.

18. Februar 1968

Einheit von Leib und Seele

Die Schlange witterte Gefahr,
In raschen Bögen sich bewegte,
Ein Messerhieb in Stücke legte
Den Leib, der eine Einheit war.

Der lange Schwanz vom Rumpf zerschlissen,
Der Natter Schrei im Wald ertönt,
Die Qual der Trennung schmerzt, es stöhnt
Ein Wesen, das entzwei gerissen.

Die wilde Axt im Mark des Baums
Sich festbeisst, und zu Tod geschunden
Die Tanne, blutend aus den Wunden,
Entzwei, gebrochen stürzt im Raum.

Wenn aus des Berges tiefster Hut
Das Feuer ausbricht zum Vulkan,
Die Felsen zittern im Orkan
Der Erde Darm und Magen speit.

Der Berg in Stücke wird entzweit:
Und über ihm des Meeres Flut
Versenkt die Felsen und die Glut.

. . . .

Mein eignes Wesen ist entzwei,
seitdem die Frau, die mich erfüllte,
Mein Ich beseelt, mein Sein umhüllte,
Sich weg bewegte, fern und weit.

Wo Leib und Seel sich eng durchdringen,
Da kann man auch mit tausend Schlingen
Sie nimmer voneinander lösen.
Und keine Macht des Guten, Bösen
Vermag die Einheit zu zerreissen,
Ihr eng Gefüge zu durchbeissen.

Selbst Tod, der Leib und Seele trennt,
Der Spaltung Widersinn erkennt,
Weil Geist zum Leib sich wiederfindet,
Zur festen Einheit sich verbindet.

12. April 1966

Entsagen

O Gott, Du hast mit Feuerstein
Die Seel mir ausgebrannt,
Die Glut mit der Du mich versengst
Und läuterst, mich beengst,
Noch nie sie hab gekannt.

Der H e r r mir gibt und nimmt was mein,
Woran ich hing mein Herz:
Das Band der Eltern riss,
Von Freunden scheiden liess:
Es blieb zurück der Schmerz.

Nun steh ich einsam, bin allein,
Auf Menschenlieb ich baut.
Da kam der Augenblick,
Sich drehte mein Geschick:
Die Angst trat ein,... mir graut.

Mein Ich erschüttert ist, mein Sein,
Ich liege nackt und bloss,
Denn was mir mitgegeben.
Ward weggefegt im Leben,
Und ausgehöhlt mein Schoss.

Vermagst zu läutern, machst mich rein?
Du Feuerbrand aus Gottes Hand?
Nimmst alles mir,
Damit ich hier
Auf Erden hab erkannt,

Dass nichts mein Eigen ist und mein,
Dass leer und kahl der Baum
Des Leibes, wenn nicht tief
Die Wurzel, die mich rief:
Das Leben ist ein Traum!

Wenn ich erwache aus dem Schein,
Und schaue Wirklichkeit,
Die Leer wird ausgefüllt,
Von Gott ich bin umhüllt,
Dann klafft die Ewigkeit.

26. Juni 1969

Erkenne dich selbst
Cognosce Teipsum

Oft stand ich vor der ungelösten Frage:
Wer ich denn sei?... Wozu auf dieser Welt?
Was für ein Wesen wohnt im festen Zelt
Des eignen Leibes, der die Seele trage?

«Wer bin ich?... Wie die Geschichte meines Wesens?
Aus welchen Tiefen taucht ich auf, woher?
Von welchem Stamm entsprosst, aus welchem Meer
Entsprang die Insel meines Seins und Lebens?».

So stellt ich vor den Spiegel und lauschte:
...«Nun rate du, wer schaut dich an und stöhnt?...».
...«Ein kleiner Mensch, aus dem das Schicksal dröhnt!».
...Abgründig tief der Seele Welle rauschte.

1976

Emigrant

Die Heimat deine Wieg,
Wo du der Mutter Milch gesaugt,
Der Armut Augen hast geschaut.
...Die Parze kam und schwieg.

Sie hatte nicht ein Wort.
Doch webte sie: «Hier ist kein Bleiben!».
Ihr Tuch aus Hunger, Not und Leiden.
...Verliessest diesen Ort.

Und arm wie eine Maus:
Die Erd, auf der die Wiege stand,
Ist steinig, ohne Frucht das Land,
Du suchtest dir ein Haus.

Der Kindheit warst entschlüpft,
Der Mut dich über Meere trieb,
Die Parze webt, dein Schicksal schrieb,
Den Faden hat geknüpft,

An dem du selber hängst:
In fremden Landen bautest du
Dein Haus, dein Feld und Glück dazu,
Den Schweiss, die Träne kennst.

Gedanken fliegen fort,
Zur Mutter in die Heimat eilen,
Bei ihr sich wärmen, dort verweilen:
Ein Gruss, doch ohne Wort.

Das Leben ist ein Schweigen,
Erträgt die hohlen Reden nicht,
Schaut nur der Tat ins Angesicht,
Spielt nicht auf Trommeln, Geigen!

Denn auch im fremden Land
Des Daseins Kampf du weiter führst,
Des Brotes harte Rinde spürst,
Entbehrung bis zum Rand.

Du Wandrer hab Acht!
Obwohl die Heimat ferne ist,
Die Parze webt gar oft mit List,
Dein Schicksal formt mit Macht.

Dein Wandern kennt ein Ziel:
Den hohen Berg erklimmen wirst,
Bezwingst, erreichst mit Mut den First;
Das Leben ist kein Spiel!

. . . .

Und wenn das Ende naht,
Die Pflugschar steht, der Hammer fällt,
Du wanderst in die lichte Welt,
Besteigst des Himmels Grat.

9. August 1972

Fiat Voluntas Tua

Als ich ein Knabe, kniete hin vor Gott
Und sprach: Dein Wille werde immerfort,
Was D u mir flüsterst zu, sei meine Tat,
Aus mir mach was D u willst, schenk Deinen Rat.

Obwohl D u mich bedacht mit Urteil, Wille,
Mein ganzes Wesen wünscht, dass sich erfülle
Was Dir entspricht und Dir gereicht zur Ehre,
Und Dich zu preisen mit der Engel Chöre.

Mein Suchen, Streben kennt als Inhalt Dich.
Der Pilgerweg im Dunkeln braucht das Licht.
Die Beute meiner Jagd ist Dich zu finden,
Stets was Du wünschest, magst Du mir verkünden.

Denn ohne Deine Hilfe blind ich tappe,
Wenn Deine Hand nicht führt, durch Wüsten stapfe.
Die Welt sich wandelt, unwirtlich wird ihr Weg,
Und ohne Strassen, ohne Brück und Steg.

Wenn Deinen Wunsch ich nicht mehr kann erkennen,
Wird hohl mein Tun und ohne Ziel mein Rennen.
Die Aufgab, die ich suche, bist nur Du:
Als Fährmann lenk mein Schiff dem Hafen zu.

Nur so ich nimmer kann verloren sein,
Nicht irren und nicht zweifeln,... wenn allein
Den steilen Berg des Lebens ich besteige,
Auf schmalem Grate mich zum Abgrund neige.

«Wo führt der Pfad nun hin, was soll ich tun?»...
So ruf ich stets zu Dir und werd nicht ruhn:
Die Antwort kommt auf meine Frage hin,
Denn Du erleuchtest meinen Weg und Sinn.

Weil ohne Dich die Welt dem Urwald gleich,
Und ohne Deine Stimm, im Wüstenreich
Ich mich verirre, auf dem grossen Meere,
Auf dieser Irrfahrt finde Öde, Leere.

Du bist der Wille, aus welchem ward das Sein,
Aus Deinem «F i a t» wurde Licht und Schein,
Entstand des Weltalls Undurchdringlichkeit,
In dessen Nacht der Sonnen Helligkeit.

Aus Deinem Wunsche ward vor aller Zeit
Der Engel Heer geschaffen, in Herrlichkeit
Ihr Wesen reiner Geist, ihr Beten drang,
Aus Deinem Anblick, ihr Jubel und Gesang,

Der weit erdröhnt:... die Himmel widerhallen,
Doch lautlos durch das Universum schallen
Der körperlosen Wesen grosse Chöre:
«Hosannah, in excelsis!» laut ich höre.

Nach Deinem Wollen und aus Deiner Hand
Auf dieser Erde ward das Meer, das Land.
Das Leben schufst in mancherlei Gestalt,
Dem Wechsel unterworfen:... jung und alt.

Und immer neu Geschöpfe aus Dir werden:
Du sprichst das Wort:... «Es werde auf der Erden
Ein jeglich Wesen, das beseelt und lebt,
Ins Meer eintaucht, und über Bergen schwebt».

Dein Wille, G o t t, das Weltall fasst, durchdringt,
Die Himmel füllt,... in meine Seele springt;
Verwandelt wird, Vertrauen in sie giesst,
Mein Wollen gemeinsam aus dem Deinen fliesst.

. . . . . ; . . .

Selbst wenn Du wünschest, dass ich nicht erkenne
Was Deinem Wunsch gemäss, und Nacht mich hemme,
Dass Dunkelheit verstricke meine Wege:
...Auch dann, oh G o t t, mein Wollen in Dich lege!

2. August 1970

Der Frühling naht

Der Frühling naht!...
Der Frühling hat
Den Einzug schon gehalten!

Die Knospe pocht,
Die Knospe horcht,...
Wird alsbald sich entfalten.

Die Winde jauchzen durch das Land,
Die Blumen weben ihm ein Band,
Es strahlen Licht und Leben,
Vom Frühling uns gegeben!

Wenn Du verzagt,
Von Leid geplagt,
Entmutigt liegst darnieder.

Es kommt die Zeit
Vom Frost befreit,...
Der Frühling kehret wieder!

21. Februar 1946

Frühling I

Selbst wenn Sie schweigen
Ich sende Blumen
So reich an Duft!
Sie künden und summen
Des Frühlings Reigen.

Er naht, er kommt,
Ich tue was frommt,
Wir jauchzen und singen,
Wir schlagen die Schwingen!
Der Frühling erwacht,
Und die Blüte sie lacht!

Wie ist es so schön
Auf Wiesen und Höhn.
Zum Himmel ich schau:
Er zerfliesst im Blau.
Es kost der Wind
Des Frühlings Kind.

Verschwunden die Nacht,
Es braust das Licht,
Zerreisst die Nebel,
Eröffnet die Sicht
Zu des Frühlings Pracht!

5. März 1953

Frühling II
Der Mensch – Gottes Instrument

Es ist ein lichter Frühlingsmorgen:
Des leisen Windes warmer Hauch
Das Leben weckt in Gras und Strauch.
Was in der Erde war verborgen
Wird neugeboren.

Behenden Fusses durch den Wald,
Mich trägt das Sehnen nach dem All
Und Raume... Weil ohne Zeit der Schall
Durchdringt der Ewigkeit Gewalt,
Geht nie verloren.

Vom Baume einen dicken Ast
Ich schneide, eine Flöte schnitze.
Der Saft, ihr Blut, entströmt der Ritze:
Dem Holz die Seel gegeben hast,
Damit es singe!

Die Flöte an den Mund ich führe,
Mein Hauch und Odem auf ihr spielt,
Belebt:... ein Liedchen aus ihr quillt,
Die Seel in ihr erweck, berühre,
Bis dass sie klinge!

Die Fiedel, verwandelt aus dem Zweige,
Zu neuem Wesen wird erweckt,
In ihr des Menschen Sehnen steckt,
Und wird, begleitet von der Geige,
Zur Symphonie.

Die Töne sanft und weich entsteigen,
Den Lerchen gleich, zum Licht und All,
Im Dunkel, wie die Nachtigall,
Sie tanzen, wiegen sich im Reigen,
Der Melodie.

Ein Zauber ist in ihr verborgen:
Sobald sie klingt, die Vögel schweigen,
Die Schlangen tanzen, sich verneigen,
Die Blätter lispeln, sing geborgen,
Gerührt, gebannt.

Dann weiter geht das Flötenspiel,
Aus ihm die bunten Farben springen,
Das Purpur, Gelb und Grün sie singen;
Der Sonne goldne Fäden spinnen.
Zum Strom des Lichtes führt ihr Ziel,
Ins Märchenland.

So laut und weich, so zart ihr Ton,
Dass aus den Höhlen schleichen Hasen,
Und Füchse lauschen,... Auf dem Rasen
Das Reh hält ein, bezaubert von
Dem göttlich Rauschen.

. . . .

Wer gab dem Holz so eine Stimme?
Wer braute diesen Trunk Magie?
Wo holte es den Zauber?... Wie
Verwandeln konnt den Ton zur Hymne,
Dass Engel lauschen?

Die Flöte fühlt des Menschen Seele,
Saugt seinen Odem tief in sich,
Klingt voller Mild, verwandelt mich.
Sie trillert, weint, dann lacht sie helle,
Und laut erdröhnt.

Wenn Geige, Cello jubilieren,
Den Chor erfüllen mit Musik,
Die Flöte jauchzt: Im Augenblick
Schwingt sich empor beim Musizieren,
Und übertönt.

Sie gleicht dem menschlichen Gesang:
Erreicht der höchsten Töne Zinne,
Die tiefsten Täler ihrer Sinne,
Behend ihr Flug, ihr Schritt und Gang
Zum Himmel strebt.

Mag noch so fein die Violine
Zum Feste spielen und zur Feier,
Die Flöte bleibt ein lodernd Feuer:
Die Seele flammt und spricht von Minne,
Denn immer lebt.

. . . .

Auch GOTT sich eine Flöte schnitt,
Und setzte sie an Seinen Mund:
Den Odem haucht ihr ein, die Kund
Von Seinem Ebenbild!... Und schritt
Durch Seine Schöpfung,

Die stumm,... nicht einen Laut gebar.
Aus Gottes Flöte klingt Musik,
Sein WORT: verkündet das Geschick,
Das uns geschenkt, beschieden war,
Von mir und dir.

Des Schöpfers Flöte, die ER schuf:
Wir, du und ich sind Seine Fiedel,
Auf der GOTT spielt nun seine Lieder,
Aus der ER spricht zu uns. Sein Ruf
In Seiner Melodie,
Die singt: «Verzage nie!»
«Stets bin bei dir,
Auf Erden hier!».

4. April 1971

Frühlings Erwachen

Ich bin befreit von des Winters Last.
Die Sonne steigt, erwärmt das Land,
Die Bäume erneuern der Blätter Gewand,
Der Lenz durchstreift das Tal mit Hast.

Er rüttelt und schüttelt an jedem Strauch,
Und zerrt den Schläfer aus seiner Ruh;
Der Wind, sein Gesell, pfeift ein Lied dazu,
Er lacht und klopft sich auf den Bauch.

Heihe! ist das ein Leben und Treiben,
Es saust und rennt der Frühling einher,
Begleitet von einem bunten Heer
Von Elfen und Faun, auf Birken und Eiben.

Sie spielen und tanzen in buntem Reigen.
Die Knospen schwellen und brechen hervor,
Die Blüten erwachen und öffnen ihr Tor,
Und goldene Falter schweben und steigen.

Das ist ein Fest voll Singen und Schelten!
Des Käfers Herz erbebt vor Lust.
Auch in des Menschen jauchzender Brust
Ein Danklied erschallt dem Schöpfer der Welten.

15. März 1956

Der Freund

Kannst du mir sagen, was wahre Freundschaft heisst,
Uneigennutz, Ergebenheit bedeuten?
Wo Treue auf der Erde bei den Leuten,
Die niemals bricht, in keinem Sturm zerreisst?

Wo findest du ein Herz, das mit dir schwingt,
Den Inhalt deiner Seele trägt und teilt,
Dich nie verlässt, dir hilft und zu dir eilt,
In dem der Widerhall der Freude klingt?

Solang das Glück dich hat umstrickt, gefangen,
Der Menschen Gunst dich hält in ihren Armen.
Doch wenn du strauchelst, fällst und suchst Erbarmen
Und Hilfe,... nach einem Freunde trägst Verlangen:

Du bist allein, sobald das Glück dich lässt,
Trotz ihres Scheins, die Menge namenlos
Dich überlässt des Schicksals bösem Los:
Verlassen stehst,... und Einsamkeit dich presst,

Alleine schmachtest hier in dieser Welt,
Vergessen wähnst du von den Menschen dich,
Umgeben von der Not, kein einzig Licht,
Kein lebend Wesen sich zu dir gesellt,

Dich liebt und tröstet, dir Hilfe spenden will
...Doch sieh den Freund, der seine Hand dir reicht,
Dem Abgrund dich entreisst!... Dem Engel gleicht,
Der kommt, erlöst und führt Dich hin zum Ziel.

Wenn noch so laut die Widersacher toben,
Auch wenn die Not verfolgt dich und erwürgt,
Ein treuer Freund für deine Rettung bürgt,
Drum sei getrost,... Die Hilfe kommt von oben.

1972

Fallen (Herbst)

Gleich wie die gelben Blätter, die im Herbst,
Im Kreise wirbelnd, von den Bäumen fallen,
So löst sich Jahr um Jahr von meinem Leben;
Willst du es fallen nennen?... Doch auch steigen!

Von Reife und Erfahrung bist du voll.
Das Fallen deiner Jahre wird zur Fülle;
Dein Sein bereichert von Unermesslichem,
Es wird sich eines Tages lösen, vollenden.

. . . .

Die Amsel singt ein Lied, das strebt nach oben,
Dein Fallen wird ein Steigen sein und Loben!

11. November 1976

Freude und Leid

Wenn Du alleine bist,
Von Öde, Einsamkeit umfangen,
Gedanken tief hinunterhangen:
Das Leid erfüllt nun ist.

Dein Leben ist nicht leer!
Denn Stimmen rufen stets nach dir,
Mit Menschen bist gemeinsam hier
Auf Erde, such nicht mehr.

Der Freund, der dich erträgt,
Im Sturm des Wehs den Kummer lindert,
Die Angst, der Schmerzen Tränen mindert
Die Hände auf dich legt.

Aus dir entglitt ein Schrei
Nach Hilfe und Geselligkeit:
Weil viele Menschen hilfsbereit,
Erlöst dann bist und frei.

. . . .

Befällt dich Einsamkeit.
Im Schweigen, wenn alleine stehst
Und näher hin zu Gotte gehst,
Findest Ihn bereit.

Er Seine Hilfe reicht.
Die Leere, die dich ausgehöhlt,
Alleinsein, in das du gestellt,
In Gottes Fülle weicht!

20. August 1968

Gottes Werkzeug

Mit meinem Willen glaubt ich zu gestalten:
Das Wissen ist die Quelle, der entstiegen
Die Werke meiner Hände, die sie halten
Und formen, erwärmen, hegen, nie erkalten:
Solang das Feuer brennt und nicht versiegen.

Die Taten quellen, entspringen meinen Träumen,
Die Welt ich forme, der Schöpfung Rad ich drehe.
Stets ruhlos forsche, auf dass ich bald verstehe,
Erfasse das Geheimnis, klar es sehe,
Zusammenhänge begreife, darf nicht säumen.

Das stete Handeln aus der eignen Kraft
Scheint meinem Dasein Inhalt, Sinn zu geben.
Doch wenn ich nah betrachten will mein Leben,
Erfahre meines Schicksals hartes Beben,
Dann weiss ich, dass ein andrer wirkt und schafft,

Und durch mich baut, der Schöpfung gibt Gestalt,
Den Arm mir hebt, auf dass er schenke, spende,
Die Armut hindre, von den Menschen wende
Der Krankheit Stachel. – Gebrauche meine Hände,
Mit ihnen Segen spende, gib Gehalt!

Dort, wo die Leere dräuet, das Verderben,
Der Schöpfer hilft dann durch die Kreatur,
Sein Instrument, der Mensch in der Natur,
In ihm kannst du erkennen der Gottheit Spur,
Die Leben bringt, bewahrt uns vor dem Sterben.

Wir sind der Hammer, den ER heftig schwingt,
Die Geige, Stimme, die erhallet, singt,
Der Chor, durch den SEIN WORT erschallt und klingt!

31. Oktober 1970

Glück I

Als einst ich drückt das Glück in beide Hände,
    Fest wie ein Krug,
   Es schien mir anvertraut.

Es war als währt es immer, nie entschwände...
    Zu wenig klug,
   Auf Sand ich hatt gebaut.

Beim nächsten Brunnen wollt den Krug ich holen,
    An Wasserquellen,
   Wo rieselt laut der Bach.

Da Schreck!... ich sah ihn auf den Boden rollen,
    Am Fels zerschellen,
   Zu hundert Scherben brach.
. . . .

Wie ein Gefäss aus Ton ist Glück beschert:
    Wir fest es halten,
   Als wär es stets beschieden.

Doch eh wir's wissen, werden wir belehrt:
    Des Schicksals Walten
   Geht zu Gericht hienieden.

5. Februar 1967

Glück II

Ich such das Glück
Es ist ein Stück
von meinem Leben.

Kommt es zu mir?
Hält Einkehr hier
Wird mir gegeben?

Das Glück erhasch
Verschwindet rasch,
So greif nach ihm!

Ist es davon,
Nicht einen Ton
Hörst Du von ihm.

Ich halt es fest:
Ein Teil und Rest
Soll mir genügen.

Doch wenn es ganz:
Mit Freud und Glanz,
Will ich mich fügen.

Du Glück bist spröd,
Bald voll, bald öd,
Kannst leicht zerbrechen,

Trotz seiner Tücke,
In kleinste Stücke
Zusammen bricht.

Das Glück ich such,
Mit Müh versuch
Nach ihm zu eilen,

Trag es mit mir,
Halt es voll Gier,
Kann nicht verweilen,

Schon ist es fort, –
Am andern Ort
Die Menge freut.

Jedoch wie mir
Die Menschen hier
Das Glück gereut.

Welch eigen Ding
Ich stets besing:
Das Lied vom Glück.

Sobald ich's fang,
Wird mein Gesang
Ein leeres Stück.

Ist Glück die Lieb,
Nach der's mich trieb
Mit Allgewalt?

Bringt Lieben Leid,
Nicht vielmehr Freud?
Ich kann's nicht sagen.

Wohl sind sie beid
In Lieb und Leid
Vereint zu tragen.

21. Februar 1968

Gedanken

Im ungeheuren Raume meines Sein,
Gleich Sternen in des Kosmos All versunken,
Gedanken schweben, kreisen, schlummern trunken,
Aus schwarzen Tiefen tauchen auf... wie Funken
Mit Licht erfüllen meiner Seele Hein.

Verborgen liegen auf dem Grund der Meere,
Wie weisse Perlen in der Muschelschale:
Um sie zu heben aus dem Wasser-Grale,
Hinuntertauche in die dunkle Halle,
Zum Lichte tragend,... entführe sie der Leere.

Gedanken ziehen, rollen in den Tiefen,
Gleich Blitzen leuchten auf. Ihr greller Schimmer
Und Donner der schwarzen Wolkenwände Trümmer
Durchbrechen,... die Himmel reissen auf. Denn immer
Gedanken zur Sonne, zum Lichte hin mich riefen.

5. August 1967

Geben

Ich gebe mein Hab
Denn was ich bin,
Es fliesst dahin,
Verwandelt sich zur Gab.

Mein «Ich» verströmt, wird Tat.
Gibt einen Sinn
Dem was ich bin,
Mit Geben, Heilen, Rat.

Wo Armut, Krankheit droht,
Ich stehe dort,
Bin Hilf und Hort,
Zu lindern Angst und Not.

Wenn Menschenstimmen schreien,
Von Leid getrieben,
Verwundet, zerrieben,
Will Hand und Stütze leihen.

Nicht einer nur, doch viele
In Not geraten,
Um Hilfe baten.
Gab ihnen Brot und Spiele.
. . . .
Als ich verwundet lag,
Mein Herz erdröhnte,
Voll Angst ich stöhnte,
...Wer linderte die Plag?

20. November 1966

Gnade

So red ich denn mit GOTT, an IHN mich lehne:
Gleich einer Biene, die den Nektar trinkt,
Und tief in eine Blütenkrone sinkt:
Versenke mich in DEN ich VATER nenne.

So tauch ich in der GOTTHEIT Abgrund ein:
Gleich wie der Delphin, den das Meer umschlingt,
In dem er atmet, das ihm Leben bringt:
Von LICHT werd ich umhüllt, vom höchsten SEIN.

Gedeihe, wachs in IHM, stets höher steige:
Wie eine Lerche sich zur Sonne schwingt,
Nach oben fliegt, dem Licht entgegendringt:
Zum Leben der DREIFALTIGKEIT mich neige.

Gleich wie der Maulwurf sich ins Erdreich senkt,
Und lange Gänge bohrt im Erden-Riffe,
So führt mein dunkler Pfad hinab zur Tiefe,
Wo G o t t e s GNADE sprudelt, mich beschenkt.

Ich bin erfüllt von DEM, DER Welten schafft,
DER alle Räume sprengt und grenzenlos:
Von SEINEM Bild geprägt ist dann unser Los,
GOTT wohnt in uns und ist in unsrer Haft.

Der EWIGE HAUCH uns rief und hat berührt:
Aus Erd geformt, entstiegen sind der Nacht;
Obwohl Geschöpf, erleb des S c h ö p f e r s Pracht:
Denn G o t t e s Lieb und Gnad den Menschen führt.

14. November 1971

Gebet Indios-Maya

Nach DIR GOTT, geht mein Sehnen und mein Streben,
Die ausgestreckten Arme nach DIR greifen,
Die Augen suchen DICH, die Blicke schweifen
Bis zu dem Himmel, wo die Wolken schweben.

DICH will ich fassen, reiche DIR die Hand,
Mit allen Kräften an mein Herz DICH presse,
Erlösche bald durch DEINE Macht und Grösse,
Gleich einer Kerze in der Sonne Brand.

Dem Jäger ähnlich ging zur Jagd ich aus,
Dem S c h ö p f e r schlich ich nach auf tausend Pfaden,
Dem Fischer macht ich's gleich, und warf den Faden
Der Angel!... Stets ohne Beute kehrt nach Haus.

Und trotzdem fuhr ich fort und eilt IHM nach,
Im Wald, am Meer und auf der Wüste Sand,
Ich lauschte, ruhte nicht bis ich IHN fand,
Doch kaum erfasst,... verschwunden,... Schweigen sprach.

So hob ich mein Gesicht bis zu dem Sterne,
Und rief mit lauter Stimme: «H ö r e mich!».
«Tu auf DEIN Ohr!»... «Erbarme meiner DICH!
Und eines Menschen Rufen in der Ferne!».

«Denn D e i n e Vaterhilfe tut mir Not!».
«Gleich wie ohne Luft nicht atmen kann,
So brauch ich DICH, durch den ich ward ein Mann,
H e r r gib mir D e i n e Hilfe, Leben, Brot!».

Lasst mich durch aller Welten Räume gleiten,
Auf S e i n e Spuren stoss ich überall,
Das Mikroskop entführt mich in das ALL,
Wo die Atome mit Bakterien streiten.

Im Kosmos keinen Raum ich finden kann,
Wo GOTT nicht schafft und alles S e i n erzeugt;
Wenn Zeit zur Ewigkeit entgegenneigt,
Des Schöpfers Walten zeiget mir die Bahn.

. . . .

Und wieder ruf ich aus: «Wo bist DU HERR?...».
«Wie kann ich ganz von DIR Besitz ergreifen?».
«So nah!... So fern!»... Beginne neu zu schweifen,
Bis GOTT ich finde mit der Engel Heer.

1971

Gott unser Fels

Der Mensch mag sich gebärden wie er will,
Es lenkt ihn G o t t, und führt ihn fest und still.

Des Menschen Will entscheidet sein Geschick,
Doch weiss er nicht, ob Misserfolg, ob Glück
Beschieden dem, was er beschlossen hat,
Denn G o t t allein durchschaut, errät die Tat.

Du Sterblicher glaubst klug zu sein, gescheit,
Doch eh du sprichst, verwandelt sich in Leid,
Die Tat, die, gleich gezeugt, dem Worte folgt
Aus welcher Unheil strömt und Misserfolg.

Du wähnst besonnen dich und scharf dein Sinn,
Steigst mit Gedanken zu den Sternen hin.
Dein Geist schafft Welten, neue Reiche, Türme
Durch eine Springflut weggefegt, und Stürme
Die Menschenwerke niederreissen, schleifen;

Im Plan der Schöpfung kannst du erst begreifen,
Wie eng beschränkt der Sterblichen Verlangen,
Denn Babels Burgen sind vom Tod umfangen.

. . . .

Drum baue Mensch die Werke deiner Schöpfung
Auf G o t t e s Felsen, die trotzen jeder Brandung!

24. Januar 1970

Geburt von Achille-Antonio

Estoy escondido en mi madre.

Geborgen und versteckt in Mutters Schoss,
Begann mein Kind sein Leben:
Des Herzens leises Beben
Im H a u c h des S c h ö p f e r s, das Gehirn entspross.

Mit Macht der Menschenkeim wird aufgebaut,
Durch grösste Kunst entfaltet,
Vom Bauherrn reich gestaltet:
Des Universums Krone aus ihm schaut.

Weisheit, Sophia,... durch Raum und Zeiten weht,
Ihr Auge sieht, Gewalten
Das Leben formen, gestalten:
Ein Mensch mit Weisheit, Gnad erfüllt, entsteht.

Dem Meister ähnlich, die höchste Schöpfungstat:
Verstand durchbraust ihr Lied,
Dem Herz entströmt die Lieb:
Des Menschen Schicksal dreht in G o t t e s Rad.

. . . .

Und als mein Knab erblickt der Welten Licht,
Der Mutter anvertraut,
Stets neue Bilder schaut:
Ist tief geborgen in G o t t e s Schutz und Sicht.

20. Juli 1971

Glück und Gesang

Im Herzen erhallen Strophen,
Ich weiss nicht wie.
Ich lausche und stehe offen
Der Melodie.

Erzählen, summen;... Mären
Aus fernen Zeiten
Die Lieder mir gewähren,
Von Kampf und Streiten.

Erklingen, strömen, ertönen:
Ein Jauchzer ruft!
Von Jubel Gesänge erdröhnen,
Es zittert die Luft.

Und Weisen, sanft und mild,
Die Liebe verkünden,
Besingen der Schönheit Bild,
Das Glück entzünden.

Mein Herz ist Melodie,
Musik und Gesang!
Erfüllt von Symphonie,
Von Jubel und Klang.

So lasst uns denn singen noch heut
Mit Inbrunst zu Gott!
Es wird auch kommen die Zeit,
Der Stille und Not.

14. September 1967

Glühwurm

Stille umgibt mich
Im weiten Raum;
Es lächelt der Mond,
Und ich im Traum.

Der Glühwurm bestrickt mich
Mit seinem Schein,
Wie schön er leuchtet,
Und ist doch so klein.

Erkennst du nicht,
Dass des Mondes Licht
In der Sonne erlischt?

In finsterer Nacht
Der Glühwurm erwacht
Zu leuchtender Pracht.

5. Juni 1952

Gebet I

Erfülle mich mit Freude,
Schenk neues Leben mir,
Erhör mein Rufen heute,
Auch morgen bin ich hier.

Stets lechzend nach der Quelle,
Aus der das Leben sprüht,
Aus welcher Licht und Helle
Und Freude brennt und glüht!

1960

Gebet II

In D e i n e H a n d mich lege,
Damit DU mich erfüllst,
Vertrauen zu Dir hege,
Dass meine Unruh stillst.

Wie ein Küken stützest
Mit Deinen Federn mich,
In D i r geborgen schützest
Und ziehest mich an D i c h.

Wenn Einsamkeit erfüllet
Mein Herz und meinen Sinn,
Von D e i n e r Güt umhüllet,
Ich fliege zu D i r hin.

Dort find ich D e i n e Reiche,
Erlösung aus der Pein,
Dem Wanderer ich gleiche,
Der ruhlos gehet heim.

Den Frieden H e r r mir gebe,
Mein Herz ist matt und schwer,
Die Ruh, auf dass ich lebe
Und nicht ersticke mehr.

DU bist mein Atem, Sehnen,
Mein All und meine Freud,
An D i c h darf ich mich lehnen
Und schmiegen alle Zeit.

D e i n Schweigen mich bedrücket,
H e r r sage mir ein Wort,
Von D e i n e r Stimm entzücket
Sich meiner Seele Hort.

Wenn Wehmut steigt hernieder,
Und Einsamkeit mir dräut,
Erbarmen zeige wieder,
Geduld mir gebe heut.

Auf dieser kleinen Erde
Mit Menschen ohne Zahl,
Verderben mir nicht werde,
Verlassenheit und Qual.

Deshalb ich zu D i r eile,
In D i r ich suche Friede,
Bei mir verbleib, verweile,
Mein H e r r, schenk Deine Liebe.

Denn ohne sie verschmachte,
Sei DU mir Stütz und Wehr,
Zu D i r hin zieh mich sachte,
Gebrechlich bin und leer.

1967

Gottes Schweigen

Das Schweigen GOTTES das Weltall füllt, durchdringt.
Sein Wirken ohne Laut baut auf die Schöpfung.
Aus IHM ein Strom stets fliesst dahin, bezwingt
Der Erde Kruste, stillt des Meeres Brandung.

Indes ich lausche, DEINE Stimm zu hören,
DU SCHÖPFER ohne Laut. Die Kreatur
Schreit zu DIR auf,... es ruft DICH die Natur...
Des Menschen Zung die Stille wird zerstören.

Wo bist DU GOTT,... wo kann ich DICH erreichen,
An welcher Stelle wird mein Wort DICH finden?
Mein Rufen endlos rauscht, die Töne gleichen
Dem Lallen eines Kindes... Es entschwinden

Die Leute, die gestammelt nach DIR rufen,
Das Echo kehrt nicht mehr zu mir zurück...
Doch wiederum hinauf ich zu den Stufen
Der Stimm ich steig, und fleh um Hilf und Glück.

Zu meines S c h ö p f e r s Ohren dringt der Schall,
Mein Beten, Schreien, Ruf, um Hilfe ringt,...
Als ob ins Nichts verströmt der Widerhall,...
Und doch von neuem meine Stimme singt.

H e r r steh mir bei, umdräut hat mich Gefahr,
Bedroht ich steh, mir naht der Untergang,
Denn wehrlos bin ich, jeder Hilfe bar;
Lass hören mich von D e i n e r S t i m m e Klang!
. . . .

Und aus dem Schweigen in dem weiten Raum
Gelangt ein Laut zu mir in arger Not.
Die Antwort GOTTES schallt, ich glaub es kaum:

. . . .

Durch Menschen spricht der HERR,... bringt Hilfe, Brot.

5. Oktober 1969

Gott der Seiende

> Deus actus purus.
> *Aristoteles*

«Gott ist nicht da».
So rief der Tor,
Weil taub sein Ohr,
Sein Aug nicht sah.

«Gott gibt es nicht».
Der Blinde schreit;
Bis Ewigkeit
Verschlingt den Wicht.

. . . .

Der Sterne Kreisen
Um ihre Sonnen,
Vom Geist ersonnen,
Zu Gott hinweisen.

Gesetzen folgen,
Vom Menschen ergründet;
Durch Gott entzündet
Planeten rollen.

Und auf der Erden
Der Wolken Reigen,
Die tanzen und steigen,
Vergehen und werden.

Den Schöpfer preisen
Die Wasser der Meere,
Der Wolken Heere,
Der Feuer Gleissen.

Die Berge, den Firn:
Gesetze sie bauen,
In ihnen wir schauen
Der Schöpfung Gehirn.

Im Rauschen der Wälder
Ich hör Deine Stimmen
Und sehe mit Sinnen
Das Spriessen der Felder.

Der Blume ihr Kleid
Ist bunt gescheckt,
Mit Farben befleckt,
Voll Schönheit und Freud.

Der Ameisen, Bienen,
Geordnet ihr Staat:
Im Spriessen der Saat
Ist Gott uns erschienen.

Die Frucht am Baum
So kunstvoll gestaltet:
Es schaltet und waltet
Der Schöpfer im Raum.

*Das Leben im Keim
Gereget sich hat,
Es wachset, wird Blatt,
Musik und Reim.*

*Es singt uns vor
Das Wirken des Herrn,
Im Keim wie im Stern:
Wer leugnet ist Tor.*

*Gesetze, Gestalt,
In Schöpfung, Natur,
Sie bilden die Spur
Von Gottes Gewalt.*

12. Februar 1969

Gebet III

Wenn die Gedanken höher steigen,
Sich zu den fernsten Sternen neigen,
Des Universums Grenz berühren,
Und tief bis zu den Himmeln führen:

Dann falt ich meine beiden Hände:
Ich weiss, das Diesseits hat ein Ende,
Das Jenseits aber ohne Grenzen,
Wo Engelchöre jubeln, glänzen.

Durch meine Finger rauscht die Seele,
Nach oben schwebt, erreicht die Helle,
Die strahlt und glüht, die Augen blendet,
Wo Frieden herrscht, die Freud nicht endet.

Zu G o t t aufsteigt dann mein Gebet:
Ein leises Lispeln kommt und geht,
Wird zur Musik der Himmelschöre,
Singt mit den Engeln G o t t e s Ehre:

«Hosannah, in Excelsis!» preisen
Die Engel und von fern die Weisen;
Sie alle kommen, beten an:
Der Gottessohn zur Erde kam.

Das göttlich Kind geboren ist,
Erloschen jeder Streit und Zwist,
Denn Frieden es den Menschen brachte,
In einer Krippe lag und lachte.

Weihnacht 1972

Die Hand

Aus G o t t e s Händen fliesst fünffacher Feuerstrahl,
Wenn ER sein «F i a t» ruft, das Leben auferweckt.
Von jedem S e i n e r Finger strömt aus das Sein und All,
Die Zeit, der Ort, das Licht, die Sterne und der Schall.

Des S c h ö p f e r s Hand tief durch der Welten-Raum sich streckt
Und formt, mitteilend sich den Wesen, Leben schafft,
Aus IHR das Sein, in dem das Universum klafft.
Fünffacher Strahl tief in den Welten-Räumen zittert;
In ihm ruht der Gedanke, aus dem die H a n d geboren.

Seitdem Vulkane, Saurier diese Erd erschüttern,
Der Flüsse Kraft, des Regens Strom die Berg verwittern,
Die Fünfzahl der Phalangen niemals ging verloren:
Nach diesem Plan seit fernster Zeit der Fuss gebaut,
Aus dessen Symphonie der Ur-Gedanke schaut.

Auch aus des Menschen Hand des S c h ö p f e r s Strahlen sprühen!
In IHR sich rührt das Leben, die Seele jauchzt und weint,
Der Genius in ihr sprudelt, Gedanken aus ihr blühen,
Obwohl aus Knochen, Muskeln geformt, in ihr erglühen,
Denn in der Hand der Mensch entfaltet sich, erscheint.

In ihr die Quellen, die des Lebens Fülle künden,
Aus ihr des Geistes Ströme fliessen, Funken zünden;
Was der Gedanke baut, die Hand realisiert,
Zu einem Werkzeug wird, zum Schöpfungs-Instrument,
Durch sie der Geist gebannt, keine Grenzen kennt,
Gegossen wird zur Form und ausdifferenziert.

Die Tiefe des Bewusstseins zur Hand sich wälzt und rennt,
Erhält von ihr Gestalt und Ausdruck, gleich dem Wort,
Sie ist der Schrein, der Gral, der mystisch heilige Ort;
Der Inhalt einer Hand nicht Zeit noch Raum erkennt.

Des Menschen Hand allein das Werkzeug konnte schmieden,
Aus dem die Nahrung ward als Beute ihm gegeben,
Durch sie die Saat ging auf: dem Acker wird beschieden
Des Kornes Fülle, in Weinberg Trauben, die reifen Reben
Der Erde abgerungen, von der wir atmen, leben.

Die Hand erbaut mit Steinen Paläste, Pyramiden,
Mit Farben Bilder,... Musik, Gedichte hat geschrieben.

. . . .

Wenn eines Menschen Seele traget Leid,
Kommt hilfreich eine Hand, steht ihr zur Seit.

13. März 1972

Heimweh

Daheim war Ruhe, Freude und viel Scherz,
Aus meiner Eltern Herz.
Es strömte viel Geborgenheit
Das Leben kannte keine Zeit,
War ohne Leid. Sorglos, ein Kind.

Ich zählte 16 Lenze,
Da brachte über die Grenze
Der Vater in das Elsass mich,
Das Heimweh plagte jämmerlich
Zum ersten Mal.

Die Universität
Sie machte mich unstet.
Verliess das Elternhaus, den Herd,
Die Sehnsucht brachte mir Beschwerd,
War ohne Zeit.

Die nächsten zwanzig Jahre
Sie kamen rasch gefahren.
Doch niemals fühlte ich ein Weh,
Obwohl allein ich rief: juhe!
Aus lauter Freud.

Bald war ich hier und dort,
Oft wechselte den Ort,
Die Universitäten all
Besuchte ich mit Sang und Schall,
Ich schaffte viel.

Nach Freiburg, Zürich, Rom,
Nach Genf und Basel komm.
Die Weisheit wollte ich erhaschen,
An allen Wissenschaften naschen,
Bis in die Nacht.

Das Heimweh kannt ich nicht,
Wie Hamlet, wetterdicht,
Verschonet wurde vom Heimweh-Schauer,
Ganz vogelfrei und ohne Trauer
Mich je umfing.

Es zog mich übers Meer
Mein Herz war nimmer schwer.
Als ich jenseits des Ozean
Nach New York, San Francisco kam,
Ein freier Mann!

Der selten sich besann,
Was Zukunft bringen kann,
Da kam des Vaters Weh und Tod:
Alleinsein fühlte ich und Not:
Das Heimweh kam.

Die Angst erfüllt mein Herz,
Der Mutter Krankheit, Schmerz
Mich quälten, liessen keine Ruh,
Ich schrie nach Hilfe, komme Du,
Gib mir die Hand!

Kein Leid so tief und gross
Heimweh lässt dich nicht los,
Alleine, wund und bloss
Von Schmerz erfüllt mein Schoss,
Hilf mir, oh Gott!

30. August 1968

Herbst I

Des Sommers Sonne ist verglüht,
Sie presste aus der Erde Mark
Den Saft der Reben. Fest und stark
Ihr Feuer hat die Welt berührt.

Es windet sich der Herbst durchs Land,
Mahnt jedermann zum Abschiednehmen,
Empfiehlt dem Emsigen,... Bequemen:
«Nun sammle, was gesät die Hand!».

Verschlafen von dem letzten Rausch
Der Wald erstrahlt im Prunkgewand.
Rund um der Berge scharfen Rand
Die Nebel schleichen ein und aus.

Es tönet wie von Kriegsfanfaren
Des Jägers Horn, durch Wies und Grund.
Des Hirsches Aufschrei gibt uns Kund,
Dass Tod und Leben sich jetzt paaren.

Tief aus der Felsen hart Gekröse
Des Berges Blut entspringt der Bach:
Hinstürzet zischend, weiss und flach,
Im Abgrund heult, rauscht sein Getöse.

Ein grauer Teppich wird am Himmel
Lang ausgebreitet über Nacht;
Verschollen bleibt der Sonne Pracht,
Es zuckt das Licht in blauem Schimmer.

Vorbei das Planen und das Bauen,
Es steht die Hütte unterm Dach.
Wer nicht gezimmert sein Gemach,
Den küsst die Nacht, die Kält, das Grauen.

Die Zeit ist da zum Abschiednehmen,
Die langen Nächte ich betrete.
...Doch weiss ich, und dafür ich bete:
Mein Herz bleibt warm in Frühlingssehnen!

26. Oktober 1952

Herbst II

Von neuem bricht mit Nacht der Herbst herein,
Aus Sommers Glut gereift, hervorgebracht,
Verschwenderisch in seiner ganzen Pracht
Und seinem Glanz, voll Farben, Licht und Schein.

Die höchste Fülle wurde ihm zuteil:
Der Früchte Segen liegt in seinem Schoss,
Der Reben Milch aus seinen Brüsten floss,
Des Lebens grössten Reichtum bietet feil.

Mit tausend Farben spielt die Melodie:
Wie grelle Stimmen rot und gelb die Welt,
Zum Grün das Braun der Wälder sich gesellt,
Mit Blau vermengt die Purpursymphonie.

So liegt die Erde trunken und verzaubert,
Ihr buntes Kleid in allen Tönen gärt:
Vom Strom des Lichts geblendet und verklärt,
Verträumt, benommen lacht und mit mir plaudert:

Es ist nicht mehr ein Reden, jedoch Rufen,
Nicht eine Stimme, sondern hundert Chöre!
Statt einer Melodie ein Rauschen höre:
Der Herbst erdröhnt bis zu der Berge Stufen!

Das Leben quillt und spriesst ins Ungeheure,
Der Fülle voll,... schlägt einen Purzelbaum,
Gleich einer Springflut dehnt sich aus im Raum,
Gebärt stets neue Wesen,... sich erneure!

Doch hinter diesem Taumel der Natur,
Nach dieser tollen, sprühnden Trunkenheit,
Was folgt dann ihrer Mannigfaltigkeit,
Ist es Vergänglichkeit,... bleibt ihre Spur?

. . . .

Wenn auch vergänglich ist die Pracht, das Kleid,
Selbst wenn zerstört wird von des Winters Hand:
...Was ich geerntet, bleibt mir stets ein Pfand,
Das mich zum Frühling führt der Ewigkeit.

26. Oktober 1967

Herz

Das Herz stets an die Türe pocht,
Seit jenem ersten Augenblick,
Ununterbrochen schlägt und kocht,
Seit es geformt des S c h ö p f e r s   B l i c k :

«Wach-auf,... wach-auf,... den Schlüssel dreh!».
Schon tausendmal ich lauschte hin.
«In deiner Brust die Seel ich seh,
Durch sie dein Leben strömt dahin».

Dein Schlagen kommt dem Pendel gleich:
Es treibt stets vor sich hin die Zeit,
Gleich einer Uhr: der Stunden Reich
Zusammenfügt, geht rasch und weit.

So schafft das Herz: stets unentwegt
Mir Treue hält, ist Burg und Hort;
Mein Sein erhellt, den Geist bewegt,
Den Strom des Lebens treibt mit fort.

Durchströmt den reichsten Körpergarten,
In welchem Lungen, Nieren spriessen;
Des Herzens Bäche sich ergiessen
In fernste Winkel. Zellen warten
Und trinken, sich mit Leben füllen
Und kleiden, mit der Wände Hüllen.

«Klopf-horch,... klopf-horch,... schlag-an,... schlag-an,»
«Werd nimmer müde, sporn mich an!».
Ich tapfer reite, fahr im Kahn
Des Lebens, den Katarakt hinan.

Solange deine Kraft mir beut,
Werd nimmer zittern in dem Sturm,
Erklimmen auch den höchsten Turm;
Das grösste Gut bewahren heut
Und morgen,... in des Lebens Streit.

Gefährten, die mir Treue schworen,
Verlassen haben mich, vergessen.
Doch seit ich leb und ward geboren,
Mein Herz, stets hab ich dich besessen.

Dein unermüdlich Klopfen, Pochen
Verlässt mich nicht, stets treu begleitet;
Ob hart des Schicksals Lebenswochen,
Mein Jauchzen teilt, und mit mir streitet.

Weihnacht 1970

Das Haus

Mein Haus, es ist ein Stück von meinem Leben,
Die Menschen hauchten ihm die Seele ein.
Weit offen steht sein Tor; denn um zu geben,
Dem Pilger Obdach schenkt und auch ein Heim.

Es bleibt denn stets mein treuester Gefährte,
Mich nie verlässt, auch wenn die Stürme tosen,
Gewährt mir Obdach in des Lebens Härte,
Im Kampf. – Die Laren es behütend kosen.

In ihm die Wände hangen voller Zungen:
Erzählen vom Schicksal, lange Sagen schreiben,
Erschallen Lieder, die wir einst gesungen,
Bald leiser tönen, dann wieder murmeln, schreien.

Durch Türen, Fenster dringen Schatten, Licht,
Aus dem Kamin steigt auf ein blauer Rauch
Wie eine Fahn, ein geisterhaft Gesicht;
Und von den Mauern trieft der Lüfte Hauch.

Ein tiefer Atem strömt mir aus dem Haus,
Wie eine Flagge in dem Äther hängt.
Ein Kobold schwirrt durch den Kamin hinaus,
Gleich einem lauen Winde uns umfängt.

In seinen Räumen herrscht viel Emsigkeit,
Die Lieder widerhallen von den Dielen,
Erzählen uns, dass nur zu kurz die Zeit
In der wir hier auf Erden schaffen, spielen.

Das Haus nimmt Anteil, erlebt auch das Geschick,
Der Menschen Schicksal füllt die grossen Räume:
In ihm die Trauer widerhallt, das Glück,
Die Wirklichkeit verwandelt wird in Träume:

Zerflossen und verflüchtigt, leicht zerrannen;
Was wertvoll schien, blieb eine Nichtigkeit,
Die grossen Pläne, die wir einst ersannen,
Verschwunden sind, denn kurz nur ist die Zeit.

Derweil der Tod uns fasst und trägt mit heim,
Endgültig scheiden werden, Abschied nehmen,
Das Haus besteht doch weiter, trägt den Keim
Zu neuem Leben,... will unser Denkmal sein.

23. August 1970

Der Hammer

Den Hammer, Herr, Du heftig schwingst,
Und eine Melodie Du singst,
Die nimmer ich versteh:...
Betäubt ich schau,... und geh.

Mit Harfenklang ich glaubte hier
Auf dieser Erde wandern wir:
Doch n e i n!... ein H a m m e r s c h l a g!...
Das Lied verstummt,... wird Klag.

Verstört ich schaue zu Dir auf,
Am Boden lieg, D u klopfest drauf.
Was machst D u nun aus mir?
Bin doch ein Mensch, kein Tier.

Was willst Du, H e r r, dass aus mir werde,
Den D u geformt aus dieser Erde?
Du schlägst nun Hieb auf Hieb,
Weil ich Dir bin zu lieb.

Dein Feuer mich betäubt, durchglüht,
Dein Eisen bin, der Funken sprüht,
Dein Hammer formt und schlägt,
Mein Herz es kaum erträgt.

Ich stöhne, schreie, winde mich,
Erbarmen Herr, schau gnädiglich
Auf Deinen armen Knecht;
Dann wird die Liebe echt.

Doch eben weil die Liebe Feuer,
Die Hammerschläge ungeheuer
In meinem Herzen jagen,
Mit Schmerz und Weh mich nagen.

Was soll denn das, ich sinke hin,
Verlier Bewusstsein und den Sinn,
Bin ohne Kraft, nicht steh,
Vernichtet von dem Weh.

Doch Schlag auf Schlag, Du hämmerst drein,
Wie Funken sind der Feuerschein,
Die Blitze, die da sprühen
Und aus dem Eisen blühen.

Ich winde mich und torkle hin,
Erkenne nicht den tiefen Sinn
Der in dem Beben ruht,
Und glimmt nur in der Glut.

Du aber, Der die Sterne schmiedest,
Im Universum hämmerst, siedest,
Den Sonnenbrand entfachst,
Galaxien formst und machst,

Dein Hammer bis zur Seele reich,
Sie schmiede, forme, mach sie weich,
Mit Feuer sie durchglüh,
Und läutre sie mit Müh!

. . . .

Dein Werk, oh H e r r, nicht stören will,
Selbst wenn mein Herz des Hammers Ziel,
Auch wenn der Schmerz, die Pein,
Das Leiden werden mein.

Nur eines weiss ich Himmelshammer:
D u dringst in meine Seelenkammer:
Mit Deiner Liebe füllst,
Mit Gnade zierst, umhüllst.

9. Januar 1972

Inquies cor
«Confessiones» St. Augustinus

Still, schweigend lausch ich hin zum Herzensgrunde,
Erspähe was sich regt in fernen Tiefen,
Von jenes Reiches Stimmen, die mich riefen,
Ward Antwort mir und neuer Welten Kunde.

In jenem Kosmos, grenzenlosem Raum,
Gleich Sterngebilden kreisen die Gedanken
In uferlose Fernen,... Ohne Schranken
Des Herzens Strom versprüht, verdampft wie Schaum.

Die grelle Sonne des bewussten Sein
Durchdringt nur raumlos, ohne Zeit die Nächte,
Erhellt den Abgrund, der Gefühle Schächte,
Die wie Planeten kreisen still und fein.

Hier das Turnier, der Puls, – der Seele Beben,
Hier knallt der Anprall zwischen Schild und Speer.
In jenen Tiefen rauscht gar dumpf das Meer,
Die Brandung und der Wellenschlag des Leben.

. . . .

In diesen Schluchten hört ich einen Schrei
Von einem Menschen, den die Einsamkeit
Gefesselt hielt, umgürtete das Leid:
Wie ein Komet das Wesen ging vorbei.

Dann wieder sah ich auf der Seele Grund,
Und hört den Jammer der Gemeinsamkeit:
Der Söhne wildes Raufen und der Streit
Vergifteten, verätzten seine Wund.

Und endlich jenes pausenlose Jagen
Nach Hab und Wissen, grösserm Eigentum:
...Verblüfft ich stehe da, – verstört und stumm:
Sie zählen tausend Jahr, nach tausend Tagen.

. . . .

Wo finde ich den Weisen, der beglückt,
Des Herzens Sehnen wurd es je gestillt?
Wo ruht der Frieden, wen hat er erfüllt,
Wem hat und wie die Freud das Herz berückt?

28. Juni 1966

Die Insel
Auto-Biographie

Gleich einer Insel in dem weiten Meer,
Wir stehen, träumen,
Umspült von Wasser, Luft.

Auf unserm Eiland spriesst ein buntes Heer
Von Blüten, Bäumen,
Durchströmt von Farben, Duft.

Getier und Leben spielen in den Kronen
Der grünen Palmen,
Der blauen Wasserstufen.

Die Insel ist erfüllt von Jauchzen, Wonnen,
Die aus den Halmen,
Und aus den Blättern rufen.

Ihr Erdgekrös, zerfurcht von Höhlen, Wällen,
Durchbohrt von Wurzeln,
Versenkt im Reich der Nacht.

Aus dessen Abgrund strömen frische Quellen,
Hinauf sie purzeln,
Zu schaun der Sonne Pracht.

Doch sieh!... Es naht auf einem kleinen Kahn
Ein Mensch, der fühlt
Und denkt!,... mich liebt und hegt.
. . . .

Ich bin die Insel, die Welt, der Ozean,
  Der mich umspült,
 Mein Herz bestürmt, bewegt.

1997

Ich habe das Leben berührt

> ...Mors et vita duello conflixere mirando:
> Deus vitae mortuus regnat vivus.

Nicht mit Physik das Leben wird gemessen,
Es kennt nicht die Gesetze der Natur,
Mit Formeln niemals find ich seine Spur,
Denn Leben sprüht aus hunderttausend Grössen.

Es strömt und rauscht, unendlich ist die Quelle,
Die aus des Schöpfers Hauche lautlos fliesst.
Niemals versiegt, stets sprudelt, sich ergiesst,
Die Erde überflutet der Brandung Welle.

Wenn Leben dringt in eine Mutterzelle,
Dorthin getragen auf dem Samenfaden:
Zu neuem Sein,... mit Energie geladen
Die ohne Mass,... das Ei verwandelt schnelle.

Sich teilt in tausend und Milliarden Kerne,
Wie ein Vulkan stets sprühet, schafft und spriesst,
Organe baut und Körperformen giesst:
Ein neues Wesen gebärt auf diesem Sterne.

Materie zieht sich an und stösst sich ab.
Wo Leben quillt, da braust die Leidenschaft,
Der Hass, die Lieb, die Schwäche, wie die Kraft:
Sie wogen, tosen,... von der Wieg zum Grab.

Obwohl des Lebens Ausdruck und Gestalt
Sich offenbart und in seiner Pracht
Den Reichtum schenkt der Erde und die Macht:...
Verborgen bleibt sein Wesen und Gehalt.

Was Leben sei, werd nimmer ich ergründen!
Sooft den Geist, die Sinne es bewegt,
Mein Herz erschüttert, auf dass es schneller schlägt:
Der O d e m G o t t e s weht, will uns entzünden!

26. März 1967

Die Krähen

Raab, Raab, Raab!
Im Kirchhof liegt dein Grab,
Noch ist es zugeschüttet,
Solang du lebst und rüttelst.

Raab, Raab, Raab!
Hab acht mein Kamerad,
Dort oben lauern Krähen,
Sie suchen dich zu mähen.

Raab, Raab, Raab!
Dein Ruf dringt weit hinab,
Ist kalt gleich wie ein Grab.

Raab, Raab, Raab!
Mit deinem schwarzen Rock,
Du gehst auf einem Stock.
Dein Krächzen macht die Seele wund,
Nimmt mir den Atem, ist ungesund.

Du schwarzer Vogel Krähe,
Bejammre dich und schmähe
Auf deinen heisern Sang,
Nicht Melodie, noch Klang.
Rufst täglich: Raab, Raab.

15. November 1976

Krankheit

Die Krankheit hält mich fest in ihren Krallen,
Nimmt ganz von mir Besitz und lässt mich fallen.
Dringt durch die Venen, der Organe Falten
Den Leib umhüllen, ketten die Gewalten.

Zu Boden pressen ihn, bis auf die Erde,
Entstellen sein Gesicht und die Gebärde.
Vom Elend wird der Körper durchgeschüttelt,
Der Krankheit Dämon an der Seele rüttelt:

Drum hilflos, ohne Kraft liegt er darnieder,
Ein leises Weh durchsickert alle Glieder.
...Zum Leib ich schau: gebrochen ruht er da.
Bist du derselbe, den gesund ich sah?

Gefesselt hast du mich mit hundert Ketten,
Solang du krank. Wie soll mein «I c h» dich retten,
Dich stützen, der du selbst mir warest Freund?
Als ob jetzt ich dein Sklave und dein Feind.

Die Kraft mir fehlt den Körper aufzuheben,
Ich schau zu ihm von Angst erfüllt und Beben,
Als ob mein eigner Leib er nicht mehr wäre.
Doch stets von Geist durchglüht bleibt seine Schwere.

Je tiefer gräbt die Krankheit in sein Mark,
In Schwäch verwandelt, was gesund und stark.
Zur Hülle wird, was einst mein Körper war,
Stets noch beseelt, doch aller Kräfte bar.

. . . .

Und wenn der Tod in unsre Glieder schleicht,
Der Körper dann der Haut der Schlange gleicht,
Die abgeschilfert wird und abgestreift:
...Die Seele zum verklärten Leibe greift.

. . . .

Selbst wenn mein «I c h» erlebt Unendlichkeit,
Dem Leib verhaftet der Seele Einsamkeit.
Der Mensch ist E i n h e i t und P e r s ö n l i c h k e i t,
Auch wenn er wandelt in der Ewigkeit!

3. Oktober 1967

Der Kahn

*Vor meinen Augen liegt das All,
Des Meeres weiter Lauf.
Die Sonne spiegelt drauf,
Die Welle spielt mit ihrem Strahl.*

*Einsam ein Kahn im Wasser schwebt,
In ihm ein Menschlein ruht,
Obwohl allein, mit Mut
Die Ruder schlägt, ins Weite strebt.*

*Der Mann im Nachen wissen soll
Er nicht alleine steht,
Nicht fällt und nicht vergeht:
Weil Gottes Hilf und Güte voll.*

5. Januar 1969

Das Karussell

Kleines Mädchen, ohne Harm,
Siehst betört die Menge,
Wie sie voller Freud und Scharm
Lachet, singt Gesänge.

Grosse Messe feiert heut
Draussen im Gelände.
Aus der Ferne kommen Leut,
Drücken sich die Hände.

Mitten in der Budenstadt
Dreht sich hurtig, schnell,
Grosse Eile heute hat
Dort das Karussell:

Kleines Mädchen, schaust zu ihm,
Deine Augen glühen:
Schwarze Rosse reiten hin,
Mit den Nüstern sprühen.

Stets im Kreise geht die Hast,
Aus und ab sie traben,
Ohne Ruh und ohne Rast
Kinder mit sich tragen.

Kurz der Halt!... Sitz Mädchen drauf,
Nimm die Zügel fest!
Denn nun schon beginnt der Lauf,
Das Turnier, das Fest.

*Wie im Wirbel schleudert dich
Rund herum im Kreise,
Auf und ab, gar fürchterlich
Ist des Rappens Reise.*

*Halte fest dich an der Mähne,
Dich ihm anvertraust,
Dein Geschick und deine Pläne
Mit ihm teilst und baust.*

*Gut, dass nur ein Augenblick
Diese wilde Jagd,
Dass sich ändert das Geschick,
Und dich nicht mehr plagt.*

*Kommt zum Stehn das Karussell,
Leicht ist dir an,
Springst hinab vom Rosse schnell,
Fliehst den Berg hinan.*

. . . .

*Junges Mädchen, bald wirst du
In dem Leben stehen,
Das sich dreht ohne Ruh,
Nicht rasch wird vergehen.*

*Fliehen kannst du vor ihm nicht,
Fest im Sattel reitest,
Halte dich im Gleichgewicht,
Nicht hinuntergleitest.*

. . . .

Unser Leben rollet schnell,
Dreht sich um die Wette,
Wie auf einem Karussell:
Rappe trabe, rette

Mich auf diesem Berg und Tal
Meiner Lebensreise:
Wie das Schicksal mir befahl,
Reiten will ich weise.

Doch mein Ross sich bäumet auf,
Wirft mich in den Graben:
Liege wie ein armer Hauf,...
Weiter will ich traben!

. . . .

Meines Lebens Karussell
Kommt einmal zum Stehen:
...Steige ab,... mich G o t t befehl:
Müde bin vom Gehen.

25. Juli 1970

Das Kleinod

> ...diligite inimicos vestros:
> benefacite et mutuum date...
>
> ...date et dabitur vobis...

Ein Kleinod sucht ich auf der Welt,
Eilt vom Äquator bis zum Belt.
Um es zu finden sparte nicht:
In dunklen Höhlen, ohne Licht,
Kristalle fand; in Meerestiefen
Nach Perlen pflügte, wo mich riefen
Die Elfen, und wo Fische schliefen.

Und in den Flüssen wusch ich Sand,
Ward nimmer müde auf der Spur
Nach gelbem Golde, das ich fand
Und heimwärts brachte aus dem Land:
Verklärt von tropischer Natur.

Der Weisheit Turm betrat ich dann,
Den Durst zu löschen nach Erkenntnis;
Im Licht verschwand die Finsternis:
Das Kleinod hier nicht finden kann.

Der Schönheit Schätze lasst uns loben,
Sie sind die Nahrung unsrer Seele.
Der Formen Harmonie,
Der Töne Symphonie,
Der Farben Melodie
Umfingen mich mit Licht und Helle,
Den Geist bis zu den Sternen hoben.

Vermögen Silber, Perlen, Gold,
Das Menschenherz voll auszufüllen?
Des Wissens und der Schönheit Hüllen
Der Seele Hunger ganz zu stillen?
Liegt dort das Glück, das rauscht und rollt?

. . . .

Das höchste Gut auf dieser Welt,
Das einem Sterblichen gegeben,
Aus dem entströmt stets neues Leben:
Es ist d i e L i e b, die aus ihm quellt
Und sprüht und jauchzt, sprudelt, springt,
Froh Purzelbäume schlägt und singt.

Der Liebe Laut wird Widerhall
In einem andern Menschenherzen;
Erfüllt es ganz mit Freud und Scherzen,
Und steigert sich zu lautem Schall.

Sie ist das Kleinod ohne Mass,
So mächtig, den Vulkanen gleich,
Sie fliesst nun aus der Seele Reich
Gleich einem heissen Lavastrom,
Und überschwemmt des Herzens Dom,
Durch Schluchten rauscht zum engsten Pass.

Die Liebe gleicht dem Schöpfergott:
Vollendung findet im Erschaffen,
Indem sie schenkt, dann aus ihr klaffen
Das Leben, Geschöpf!... besiegt den Tod.

Von einem Mensch zum andern hin,
Sie schreitet als die Königin,
Und strahlet aus, wird zur Gestalt
Verwandelt,... neuer Form Gehalt.

21. Februar 1971

Leiden

Ein unaussprechlich Sehnen wühlt
Tief in dem Grunde meines Herzen.
Verzaubert Freud zu hundert Schmerzen:
Kein Balsam meine Wunden kühlt.

Denn Einsamkeit ist jäh entsprungen;
Das Sehnen nach der hohen Frau,
Im tiefen Abgrund ich sie schau,
So weit entfernt, ward sie verschlungen.

Ist es ein Leiden ohne End?
– Alleinsein graut dann jedem Manne:
Selbst wenn er aus dem stärksten Stamme,
Sich fürchtet, wer das Leben kennt.

Doch wenn du sie gefunden hast,
Die Frau, Gefährtin deines Leben,
Ihr spendest, Dich verlierst vergeben.
Dein Glück? Befreiet von Ballast?

Auch dann sind deine Leiden da,
Bisweilen schwellend, unerträglich:
Denn was gemeine scheint, alltäglich,
Entscheidend tritt dem Leben nah.

Scheinbar befreit von Ungemach,
Es nagt mir an der Seele Mark.
Bist du dann tapfer, fest und stark,
Nimm was dir zustösst, sing und lach.

*Ob du allein, und wenn begleitet,
Wird Leben durch das Leid geleitet.
Tief in dem Schmerze liegt versteckt
Ein gross Geheimnis, unentdeckt.*

*Und nimmer war der Sinn ergründet,
Weshalb das Leiden Leben zündet.*

*In ihm liegt das Mysterium,
Das grösste, das ich fand rundum.
Ich werde nimmer es erklären,
Doch Leiden, weiss ich, wird stets währen.*

*Durch Schmerz der Mensch geschmiedet wird,
Ohn Leiden er verweichlicht, irrt.*

*Nur Gottes Güte kann ergründen,
Des Leidens Sinn uns einst verkünden.*

1968

Leben

Als GOTT den Kosmos baute und die Sterne,
Dem NICHTS entlockt das SEIN, und schuf die Erde,
Verwandelnd es zu FORM,... laut rief das «WERDE!»
SEIN donnernd WORT!... erdröhnte in der Ferne.

Der Welten ungeheuer grosse Flur
Bewegte, drehte GOTT in weiten Bahnen,
Der Sonnen Bauwerk ruht in SEINEN ARMEN,
Verankert in Gesetzen der Natur.

Des Universums grenzenloser Bau
Geflochten ist im Netzwerk der Physik,
Der GEIST ihn hat durchtränkt mit SEINEM BLICK:
Doch OHNE LEBEN bleibet kalt und grau.

Da kam der S c h ö p f e r g e i s t, aus dessen Beben
Und HAUCH das Leben strömet und das SEIN:
Die Erde tauchet in das PNEUMA ein:
Verwandelt steht sie da!... Erfüllt von LEBEN!

1. März 1967

Lebenskunst

*Wer kennt die Lebenskunst,
Die hellen Seiten sieht,
Die dunkeln Schatten flieht,
Erweckt des Schicksals Gunst.*

*Nicht Dornen, sondern Rosen,
Nicht Wolken, blauer Himmel
Erleuchtet, und sein Schimmer
Bedeckt den grünen Rasen.*

*Hab ich nur wenig Gaben,
Aus ihnen bau ich Welten,
Auch wenn sie wenig gelten,
Ihr Reichtum ist erhaben.*

*Das Kleid des Schmetterling,
Der Mantel einer Blum,
Verbreiten Freud und Ruhm,
Schön wie ein goldner Ring.*

*Die Fliegen, meine Pagen,
Die Bienenkönigin,
Sie alle fahren hin,
Voll Scherz und ohne Plagen.*

*Wer kann alleine sein,
Wo Leben zuckt und zittert,
Wenn Blitze und Gewitter
Die Erde schüren rein?*

Fahr Einsamkeit dahin,
Gefährten sind beschieden,
Sich zanken und sich lieben:
Belebt wird unser Sinn.

Warum nur graue Farben,
Nicht rote, weisse, grüne?
Auf unsrer Lebensbühne
Es leuchten gelbe Garben.

Wenn traurig dein Gesicht,
Das Lachen ruf zurück.
Es ist das Lebensglück
Voll Inhalt und Gewicht.

Dem einen geht es gut,
Der andre hat es schwer,
Nicht allzu viel begehr,
Dann kommt die Freud, der Mut.

Drückt dich bisweilen Schmerz,
Spring tief hinein zur Freud,
Und lass beiseit das Leid,
Dann hast ein friedvoll Herz.

. . . .

Mit dem sich zu begnügen
Was Gott uns hat beschieden,
Zu unsrer Freud hienieden,
Bereitet uns Vergnügen.

26. September 1968

Licht (Gebet)

Es thront der Mond in seiner Fülle
Hoch über Hügel, See und Welle,
Und seines Lichtes zarte Hülle
Der Gottes Mutter Kind erhelle.

Ergriffen steh' ich, sinnend da,...
Und staune in der Schöpfung Pracht!
Mit Beten Gott ich trete nah,
In L i c h t Er wandle diese Nacht!

5. Oktober 1952

Licht

Die Muse hatte mich verlassen,
So ging ich schweigend meinen Gang,
In dunklen und in engen Gassen
Nach Licht und Raum die Seele rang.

Mit Ketten war mein Herz geschnürt,
Gelähmt des Geistes hoher Flug,
Gelöscht das Feuer, das mich führt,
Und meinen Schrei zum Himmel trug.

Ihr alle, die Ihr mit mir geht,
Durch dieser Erde Täler streift:
Wenn in des Dunkels Schlucht Ihr steht,
Nach einem L i c h t Ihr gierig greift.

Mag auch die Nacht den Tag verschlingen,
Mit Finsternis die Welt durchwehn,
Der S o n n e wird es doch gelingen,
Und neues Leben wird erstehn!

6. März 1957

Madonna della Salute!

Ich trete zu Dir hin:
Erfülle mich mit Güte,
Erhelle meinen Sinn.

Du kennst ja meine Schwächen
Und weisst um meine Not:
Hilf tragen mein Gebrechen
Und führe mich zu Gott.

An Deinem Heiligtume
Entblösst ich poche an;
Mein Bitten nicht verstumme,
Oh' Mutter, hör es an.

Auf dieser Welt ich suche
Des Herzens Ruh', mein Glück.
In meinem Lebensbuche
Steht oft auch Missgeschick.

So komme mir entgegen,
Führ' Du mich auf der Bahn.
Auf Deinen lichten Wegen
Ich steige himmelan!

8. Juli 1952

Mark der Seele

Ruhlos die Welt sich um mich dreht,
Dringt, hämmert auf mich ein,
Der Äther schwingt, erdröhnt und geht
Als Ton zum Ohr hinein.

Er klopft und pocht ans Trommelfell,
Zum Eingang drängt er sich,
Bis sich geöffnet weit und schnell
Das Tor für die Musik.

Im Reigen tanzt das Licht und fährt
Ins bunte Firmament,
Von tausend Schimmern sich verklärt
Der Erde Element.

Zum Auge braust das weisse Licht,
Es bräusel blau und kühl,
Und webt ein farbenreich Gedicht
Fürs Herz und fürs Gefühl.

Tief in die Seele dringt der Schall,
Der draussen schwebt und bebt,
In meinen Abgrund wie ein Ball
Rollt alles was belebt.

Mein Wesen dürstet, schlürft und trinkt,
Wird aufgefüllt vom Schwall
Der weiten Welten,... Es versinkt
Im Menschenherz das All.

Doch wo die Tiefe uferlos
In breiten Schluchten thront,
Wo unerreichbar weit und gross
Das Mark der Seele wohnt,

Dorthin dringt nur der Liebe Strahl,
Nimmt ganz von ihm Besitz:
Erleuchtet, glänzt und brennt im All
Des Abgrunds wie ein Blitz.

. . . .

Wer je die Lieb getrunken hat,
Der weiss was Seele heisst,
Und kennt die Schluchten, (wird nicht matt,) ihr Mark,
Wo Feuer brennt und gleisst.

1968

Die Maske

Die Aussenhülle schirmt, verdeckt,
Verbirgt, was in der Tiefe brütet.
Die harte Kruste schützt und hütet
Das Kleinod, das im Mark versteckt.

Denn was versunken bleibt im Traum,
Im Abgrund eines Menschen wohnt,
Im Dunkel bleibt, vor Licht verschont,
Verharrt tief in der Seele Raum.

Wer wagt es dort hinabzusteigen,
Das Kleinod aus dem Grund zu heben?
Wer reisst nicht ohne Widerstreben
Die Früchte von den Seelenzweigen?

Hast du den Mut im Herz zu bohren,
Verborgne Winkel abzutasten?
Willst das Mysterium du belasten?
...Geheimnisvoll wurd es geboren.
. . . .

Einst traf ich einen treuen Freund,
Sein Mund die Lust umspült, das Lachen.
Ich wähnt ihn glücklich auf dem Nachen,
Von Friede, Ruhe, voll und Freud.

Aus seinen Worten sprang der Scherz,
Er sprach mir nur von Heiterkeit,
Es schien als wär ihm fremd das Leid,
Und aufgefüllt von Glück sein Herz.

Aus seinem Auge drang ein Blick,
Aus dem die Seele quillt und spricht:
Ein tiefes Elend trat ans Licht,
Ich wurd erschüttert vom Geschick.

Durch der Pupille engen Raum
Die Seele rief, sie sprach von Not.
Die Heiterkeit blieb still und tot:
. . . .
Aus Lächeln-Schmerz,... das Glück ein Traum!

3. März 1968

Mädchen-Greisin

Voran sie eilt, ist jung und schön,
Mit Leichtigkeit die Schritte gehn,
Geschickt und stark ist, sehr gewandt,
Behende überquert das Land.

Doch langsam, mit verhaltnem Schritt,
Die Greisin eilet Tritt für Tritt,
Sich stützet auf des Stockes Macht
Behutsam gehet, leis und sacht.

Das ist des Lebens langer Lauf:
Die eine springt hinab-hinauf,
Die andre aber langsam, schlicht,
Das Springen meidet, traut sich nicht.

. . . .

Von Mut die eine ist erfüllt,
Den Durst des Lebens nimmer stillt.
Die andre aber klug und weis,
Nur langsam gehet,... still und leis.

Oktober 1996

Musik

Der Reim fällt mir nun gar nicht schwer,
Ich leg mich in das Gras,
Die Wies, der See, der Wolken Meer,
Leis lispeln dies und das.

Sie rufen mich und singen mir
Ein Lied und einen Vers,
Und preisen laut der Erde Zier,
Erfüllen ganz mein Herz.

Sie schreiben mir die Strophen hin,
Als wär ich im Diktat,
Selbst wenn auch arm und träg mein Sinn,
Aus ihnen kommt mir Rat.

Der blaue Dom des Himmels thront
Hoch über Berg und See,
In ihm die grelle Sonne wohnt,
Blickt hin auf mich im Klee.

Es lacht der Wind gibt ein Konzert
Am Dirigentenpult,
Aus tausend Stimmen er beschert
Ein Liedchen mir in Huld.

Die Bäume singen laut im Chor,
Es brummt der See den Bass,
Aus Blätterkehlen strömt hervor
M u s i k,... und aus dem Gras.

Es zischt das Schilf, ergiesst den Ton,
Und wedelt hin und her,
Im gleichen Takt schwankt, rauscht davon
Der Ähren gelbes Heer.

Die Grillen zirpen Stunden lang,
Begleiten die Musik,
Mit ihrem monotonen Sang
Erregen die Kritik.

Die Finken setzen tüchtig ein
Mit kräftigem Tenor:
Das ist ein Fiedeln und ein Schrein,
Ein buntgemischter Chor!

Die Well, der Strauch, der Frosch im Sand,
Ihr Sang ist Melodie,
Es lenkt und führt mit fester Hand
Der Wind die Symphonie.

. . . .

Auf grossen Wogen der Kantaten
Schwebt hoch ein Schmetterling,...
Und lässt sich tragen von Sonaten
Bis hin zum Wolkenring.

August 1956

Maya-Indianer

Ruhlos kreist um mich die Welt,
Der Indianer steht.
Menschen tanzen wild ums Geld,
Der Maya langsam geht.

Sitzend, stehend, regungslos
Schaut zum Schöpfer hin,
Unbeweglich,... still und gross
Indianerin

Wird dein Beten ohne Wort,
Klein und schüchtern bist:
Doch die Zwiesprach mit dem Gott
Tief erhaben ist.

Kündest keine Heldentaten,
Sondern was dich drückt.
Aus dem Herzen, aus dem Atem
Quellet Stück für Stück.

Alles, was die Seel bewegt
Legst du IHM zu Füssen.
Sehnsucht, Lieb in dir sich regt
Deinen Gott zu grüssen.

Indianer, tief dein Blick,
Keine Maske trägst,
Wenn zerschlagen dein Geschick,
Nicht mehr weiter frägst.

Tränen aus den Augen rollen,
Furchen im Gesicht,
Wenn die Götter donnern, grollen
Stehst du vor Gericht.

Opfer spendest, von dem Felde
Bringst die erste Frucht,
Damit sich das Schicksal wende
Und verbannt die Furcht.

. . . .

Indianer, lehr mich beten,
Kaum ich stammeln kann
Vor dem Schöpfer, dessen Beben,
Dessen Wort Orkan!

Das Geheimnis deines Schweigens
Auf der lauten Erde,
Deines stummen Seelenreigens,
Friedlichen Gebärde,

Teil mir mit, warum die Stille
In der Gottheit wohnt,
Und weshalb die Gnad und Fülle
Tief im Schweigen thront!

Weihnachten 1966

Macht des Geistes

So oft ich horche in der Seele Grund,
Mich tauche in des Unbewussten Schlund,
Das riesig weit und gross, und ohne Saum,
Unendlich tief. Es gleicht dem Weltenraum:

Dort hör ich eine Stimm, die ruft nach Glück,
Ihr Echo schmettert, und eilt dann rasch zurück,
Mein ganzes Sein erfüllt, schreit aus dem Herz:
«Das Glück ich ständig suche, nicht den Schmerz!».

Doch wenn hienieden es nicht finden kann,
Wo liegt sein Ursprung, wo sein Quell und Stamm?
Denn wenn ein Lechzen, Sehnen nach dem Glück,
Ein Ziel muss sein, selbst wenn es weit zurück.

So wie der Durst mich lenkt hin zu der Quelle,
Die Augen weisen hin auf Licht und Helle,
Die grösste Sehnsucht jedes Menschenwesen
Nach ihrem Ziele treibt: wird dann genesen.

Der Ursprung nach dem lechzt der Seele Blick:
Der Mensch in G o t t nur findet Frieden, Glück.

2. September 1986

Das Meer

Willst du ergründen was Unendlichkeit,
Dann schau zum Meer!... Berührt vom Horizont,
Hineingeschlürft wird von der Wolken Front,
Des Himmels blauer Schleier ist sein Kleid.

Spannt breite Bogen über diese Welt,
Reisst auf die Räume, reckt sich zu den Sternen,
Die ungeheuren Weiten und die Fernen
Aus Wassermassen baut, zusammenhält.

Im Schlund des Meeres, fern in seinen Tiefen,
Regt Leben sich, ruht wohlverwahrt sein Reich
Von bunten Wesen, Pflanzen, Tieren,... gleich
Einer Mutter, in deren Schoss sie schliefen.

Auf seinem Antlitz spiegelt die Sonne sich,
Mit vollen Lungen es atmet ein das Licht,
Das leuchtet, brennt und blendet mein Gesicht:
Das Meer erstrahlt, sein Schein berauschet mich!
. . . .

Im Mark des Meeres die Wellen sind geboren,
Sie ruhen nimmer, sich wälzen uferwärts:
Gleich wie der Pulsschlag strömet aus dem Herz,
So stürmen Wogen hin und gehn verloren.

Die Wellenrosse gewaltig schlagen drauf,
Die Nacken sind gebeugt, die Nüstern schnaufen,
Der Wellenkämme weisse Mähnen raufen,
Und schütteln sich im Ansturm ihres Lauf.

Sie greifen an, gereiht zu Divisionen,
Unwiderstehlich wälzen sich voran,
Sich krümmen, schreien laut wie ein Orkan:
Dem Ufer gilt der Angriff der Legionen.

Der Wasser letzter Anprall wie ein S c h l a g!
Ein Stöhnen aus den Felsenriffen klingt,
Ohn' Unterlass die Brandung peitscht und ringt,
Seitdem die Welt erschaffen und der Tag.

Am Ufer klopfen und am Felsen pochen,
Die Wellen stürmen an mit Allgewalt:
Ein letzter Schlag und Gischt!... Es widerhallt
Die Erde!... Des Meeres Ansturm ist gebrochen.
. . . .

Und friedlich, als ob nichts geschehn wäre,
Das Wasser strömt zurück ins Bett der Meere.
...Es tobt, seit Schöpfung ausgefüllt die Leere,
Der Kampf der Erde mit dem Wellenheere.

28. September 1967

Morgens früh

Wenn ich spreche im Gebet,
Morgens früh und abends spät,
Mit dem S c h ö p f e r lispeln kann,
Rede leise,... frage dann.

Denn ER wünscht mit mir zu sprechen,
Erzähl von Glück und von Gebrechen;
Alle Zweifel, meine Fragen
Weise werden vorgetragen.

Unser Weg hat nur ein Ziel,
Mühe kostet, ist kein Spiel:
Jeder schwimmt im Strom der Zeit,
Steht im Nachen,... ist bereit.

27. Mai 1996

Mutter

Seitdem Du liessest dieser Erde Bett,
Das Haus erscheint mir ohne Klang und leer,
Dein Wesen ging, Dein Antlitz ist nicht mehr:
Aus Deinem Munde hört ich ein Gebet.

Dein Herz, aus dem die Lieb in Fülle quoll,
Das unaufhörlich Güte, Freude zeugt,
In bangen Stunden Hilfe, Verstehen zeigte,
Hat aufgehört zu schlagen, wärmevoll.

Die Mutter ging, ich aber steh allein,
Vereinsamt in der Welt, die mich nicht kennt:
Sie war die Frau, die mich umhegt und nennt
Beim Namen mich,… ein Stück von ihrem Sein.

Die Mutter war für mich das Haus, der Herd,
Der Inbegriff von Leben und Verstehen,
An ihrer Hand ich sicher konnte gehen,
Sie war das Vaterland, der Pol, die Erd.

. . . .

Nun ist sie fort, ich rufe still nach ihr:
Obwohl ein Mann, gestählt in diesem Leben,
Im Kampf gefestigt, edel mein Bestreben:
Ihr Geist verweilt nun hier und bleibt bei mir.

Sie flüstert, ruft mir zu: nun harre aus,
Mein Sohn, der Segen stets begleitet dich,
In deinem Schreiten hin zum Vaterhaus.

. . . .

Solange du auf dieser Erde weilst,
Von Ungemach du nicht verschonet bist,
Doch meide stets den Unmut und den Zwist:
Streu LIEBE aus bevor du zu mir eilst!

3. Januar 1969

Der Mutter Hand

Der Mutter Hand, wie ein Juwelenschrein,
Ist angefüllt von Reichtum bis zum Bersten.
Ein Kleinod birgt, voll Perlen ist,... die besten
Juwele und Diamanten schliesset ein.

Die Hand der Mutter ist ein grosses Reich,
In welchem tausend Kerzen leuchten, brennen,
Wo hundert Ströme aus dem Herzen rennen,
Und Feuer speien, den Vulkanen gleich.

Ich war ein Kind, als sie mich schirmt, berührte,
Mit Inbrunst, Liebe mich begleitet, stützte,
Gleich einem Schilde vor Gefahr mich schützte,
Und lenkte, hilfreich die ersten Schritte führte.

Die Hand der Mutter prägte ihre Spur,
Sie streute volle Blüten in mein Leben,
Auf dass ich wachse, reife, und ergeben
Das Schicksal greife, auf der Erde Flur.

Die Nadel tanzte auf dem weissen Linnen,
Und stickte, malte ihre Blumen hin.
Gleich wie ein Bogen auf der Violin
Musik entlockt, so schrieb die Hand mit Minne.

Aus einem bunten Teppich strömt Gesang,
Zu meinen Füssen liegt, erzählt von ihr:
Der Mutter ruhlos Hand ihn webte dir,
Aus ihm du hörest jetzt ihrer Stimme Klang.

Und wenn ich schaue dann auf meine Hand,
So ist sie nicht mehr mein, doch eben jene,
Aus der ich ward, die mich gelehrt das Schöne,
Und mich umfangen hielt, gleich einem Band.

Ergriff voll Erfurcht meiner Mutter Hand,
Als segnend sie auf meine Stirn sich legte,
Mein Haupt erzitterte, die Lippe sich bewegte,
Um sie zu küssen und zu sagen: Dank!

. . . .

Die edle Frau aus jenem höchsten Reiche,
Hinab sie schaut zu mir, aus hoher Sicht,
Der Mutter Hand, verklärt im ew'gen Licht,
Sie führt mich an, damit ich sie erreiche.

6. November 1969

Materie

Die toten Körper ruhen auf Gesetzen,
Die scharf umgrenzen ihre Möglichkeiten,
Stets wiederholend sich in allen Zeiten,
Die Astronomen ihnen Bahnen setzen.

Materie wird gefangen mit Physik.
Aus ihrem weitumgrenzten Raumgehege
Sich niemals lösen kann. Und ihre Wege
Sie sind berechnet mit Mathematik.

Die Himmelskörper bleiben hart und stumm,
Sich drehend verfolgen endlos ihre Normen,
Dieselben Kreise und die gleichen Formen,
Und bauen des Universums Heiligtum:

. . . .

Mag noch so gross die Kathedrale sein;
Von reichster Kunst und Schönheit ausgestattet:
Der Dom bleibt stumm und hohl, ist überschattet
Von Leere,... wenn kein Leben zieht hinein!

4. März 1967

Minne-Lied

Einst war ich heiter und geschwind,
Ich jagd ihr nach, konnt sie nicht fassen,
Zerschlagen fühlt ich mich, verlassen;
Doch unreif war ich,... wie ein kleines Kind.

Die Jahre nahmen ihren Lauf,...
Sie ging vorbei und war verschwunden,
Entglitten, meinem Aug entwunden;
...Das Sehnen hörte nimmer auf.

. . . .

Ein blaues Aug, des Himmels Zier,
Die Wangen aber rot und bleich
Der ersten Morgenröte gleich,
Hinüberschimmerte zu mir.

. . . .

Vor mir steht eine starke Maid,
Braun-schwarz ihr Haar, ihr Kirschen-Aug,
Die Fülle ihres Seins ich schau,
Bedeckt ihr Leib vom Purpurkleid.

Die Blonde scheint mir zart und fein,
Die Schwarze wild und rauh,
Doch in dem blauen Auge schau
Das Eis, den kalten Gletscherstein.

Das dunkle Haar verbirgt zu tief
Was leuchtet; liebt die Leidenschaft,
Das braune Aug bedroht mit Haft
«Kein Warten!»... mit lauter Stimm sie rief.

Ein blaues Auge, blondes Haar
Nicht kennet diesen heissen Brand,
Die Schwarze jedoch fesselt, bannt;
Verwundert bin ich ganz und gar.

1967

Die Mütter

Die Mütter, das grösste Gut uns ward auf Erden,
Geschenket von Natur:... Sie zeugen Leben
Und Liebe ohne Mass!... Ihr Sein ist Geben,
Verströmend sich,... zum Wachstum uns und Werden.

Die Weltenmütter, die frischen Quellen sind,
Aus denen Leben fliesst und strömt das SEIN,
Die Menschen formen in der Nacht,... den Keim
Gestalten und verwandeln in ein Kind.

Die ungeheure Macht, der Mutter Spiel,
Gleich stark wie der Atome Energie,
Mit Heftigkeit und Inbrunst wachen sie:
Das L e b e n zu bewahren ist ihr Ziel!

Solange nur dem Manne der Entscheid,
Wär ihm allein die Aufgab übertragen,
Das L e b e n zu erhalten, «J a» zu sagen
Zum neuen SEIN!... Was würde aus der Menschheit?

Die Mütter sind ein Strom, der nie versiegt,
Ein Meer, ein Ozean, der Liebe voll,
Aus dem sie Kraft ergiessen Zoll um Zoll,
Und Glauben schöpfen, der die Welt besiegt!

Sie sind der Erde Herz, das schlägt und quillt,
Aus dem die Glut, das Feuer strahlen aus,
Uns zu erwärmen in der Kälte Graus:
Von ihrem L i c h t e wird der Tag umspielt.
. . . .

Doch eine MUTTER, jene HOHE FRAU,
Die Krone der Natur!... Hat uns gegeben
Das GÖTTLICH Kind, von dem uns ward das Leben.
...GOTT im Geschöpf vereint!... Erkenn und schau!

12. September 1967

Nächstenliebe

> Wer sein Leben liebt, wird es verlieren,
> Und wer sein Leben verliert, wird es finden.
>
> Lucas, 17,26

Alles hat er hingegeben
Aus Nächstenliebe. Selbst sein Leben
Auf den Altar als Opfer legte:
Sein «Ich» und «Sein» hinweg er fegte.

Es bleibt ihm nichts, nun ist er leer,
Ganz hohl, dem Nächsten eine Wehr:
Er gibt ihm alles, ganz sich hin,
Verblasst dann selbst, gehört nur ihm.

Zerquetscht ist er nun ganz verloren,
Indem er stirbt, wird neu geboren.
Veräusserte für ihn sein Leben,
Fand es dadurch zurückgegeben.

Denn geben, geben will er stets,
Sich ganz befreien von dem Netz,
In dem er fest gefangen ist
Mit Hab und Gut, doch ohne Zwist.

Will er sein Leben nur für sich,
Sein ganzes Wesen fürchterlich
Fällt in die Maschen, in die Falle,
Weil er zu sehr sich liebt, gefalle.

Die Nächstenliebe anzustreben,
Wird Inhalt, Saft von seinem Leben.
Dem Bruder, der ihm beigesellt,
Schenkt er von dieser Geisteswelt.

Gibt ihm die Kraft, die Leid verhüt,
Mit tröstend Worten, Herzensgüt.
Die Liebe kommt nicht vom Verstand,
Doch in dem Herzen webt ein Band.

. . . .

Den Nächsten liebend, vergesse nicht dich selbst,
Denn Menschenwürd in deiner Seele hältst
Und fassest. Zu Dir, vom Nächsten lass dich binden:
Das Leben du verlierst, um dich zu finden.

26. August 1968

Pandora
Ein vollgerüttelt Mass

Ein Goldgefäss, entleert steht es vor dir
Füllt tropfenweise sich mit meinem Tun,
Gepeitscht vom Leben bröckelt ab der Ruhm,
Der hinschmilzt, flieht, nicht länger bleibet hier.

Das Mass birgt meines Daseins ganzen Raum,
Sein Inhalt allmählich mit Tropfen wird gestillt:
In jedem steckt die Fülle und mein Bild,
Das in des Lebens Stufen gleicht dem Traum.

Die Vase in der Wiege, Gottes Gabe,
Ganz leer zu Anbeginn; vom Sand des Lebens
Allmählich wird benetzt. Der Laut des Bebens:
Die ersten Schreie einer stillen Plage.

Bewusstsein ward! Durchbrach des Leibes Wände,
Mit Wissen, Taten, Streben ohne Ende,
Ein Blitz und Donnerrollen im Gelände,
Zerbrach die spröden Werke meiner Hände.

P a n d o r a, bist von Leben ausgefüllt:
Dem Schöpfer wirst die Botschaft überbringen
Von unsern Freuden, Leiden, Schaffen, Ringen:
Aus dir strömt Ewigkeit,… fern und verhüllt.

Versuchte das Gefäss mit Güt zu füllen,
Indem ich Wunden löschte, stillte Pein,
Die Sorge wandelte, zur Freud das Sein,
Die Tränen schwanden, den Kummer konnten stillen.

Doch ohne, dass ich's wusste wurd gewahr,
Manch Fehler verborgen in der Schale war,
Obwohl ich suchte was edel zu entfalten,
Das Unheil ungewollt schlüpft durch die Spalten,

Es drang ins vollgerüttelt Mass mit Kochen,
Im gleichen Klang mein Herz ich hörte pochen,
Denn anders, als wollte es mit Mut ertragen,
Das Resultat: Erfolg, doch auch Versagen.

Oh G o t t, wenn Du in meines Lebens Scherben
Beschmutzte Erde findest, nicht Verderben;
Lass Deinem armen Knecht, denn auch Rubine,
Dem Menschen gegeben sind zum Trost, zur Sühne.

Nimm mich so hin, wie DU mich hast erschafft,
Ich bin auf Erden hier in Kerkerhaft,
Obwohl von gutem Willen beseelt, durchglüht,
Das Leben schüttelt, tobt, braust und sprüht.

Dein Goldgefäss von Ewigkeit umhüllt,
Von meinen Werken wird gespeist, gefüllt.
Doch letzten Endes werden wir gewahr,
Nicht mein Verdienst, doch Deine Gnade war.

Den Wert, den Glanz, mein kleines kurzes Leben,
Das Du, der H e r r, aus Deiner Güt gegeben,
Schenkst gnädig uns an jedem neuen Tag,
Damit ich preise Dich und nicht verzag.
Dein golden Mass ich trag mein Leben lang
Auf dieser Erde Berg und steilem Hang.

. . . .

Wenn kommt der Tag, an dem ich zur Dir schreite,
Mein voll Gefäss zu Dir mich hingeleite.
Nimm's gnädig an, voll Ehrfurcht trägst mein Arm,
Denn klein ich bin, von Fehlern reich,... und arm.

20. Januar 1970

Prolog aus dem Johannesevangelium
«Und das Licht leuchtet in der Finsternis...»

Die Welt ist dunkel, Nacht stürmt auf mich ein,
Verloren streif ich durch den Wald, verlassen,
Ich taste vorwärts mich auf krummen Strassen,
Die endlos scheinen, ohne Licht und Schein.

Vom Erdengrunde steigt die Nacht herauf,
Das Blätterwerk den schwarzen Vorhang zieht,
Hoch über ihm der Wolken Schleier flieht
Der Sterne Licht, löscht aus des Mondes Lauf.

Nur zögernd, tastend komme ich voran,
Des Waldes Schlund schlürft meine Seele ein,
Erfüllt sie ganz mit Angst und Qual, mit Pein:
Aufbäumend torkelt sie und stürzet dann.

Wie ich da lieg, umringt von Nacht und Graus,
Ein ferner Lichtschein winkt mir aus dem Wald:
Zu ihm ich stürze mich, – obwohl gefährlich, – kalt:
L i c h t!... meine Rettung, führe mich heraus!

An deiner Hand ich steig zum Berg hinan,
Mein Auge dürstet, sehnt immer sich nach dir,
An ihm entzündet sich die Hoffnung mir:
L i c h t! sei mir Führer, stütze diesen Mann,

Der unentwegt des Lichtes Quell ich jag.
. . . .

Und in des Waldes Nacht erscheint ein Dom:
Aus eines kleinen Kerzenlichtes Strom
Im hohen Gotteshaus, die Nacht wird T a g.
. . . .

Mag noch so klein ein Kerzenlicht erscheinen,
Die tiefsten, höchsten Kirchen es erhellt.
...Gleich einer Kerze, hier auf dieser Welt,
Ein Mensch erleuchtet, tröstet, stillt das Weinen.

1970

Paradox

Entgegen was gesetzt, heisst paradox:
Es sind zwei Wesen, die sich nicht vertragen:
So wie der Hals gewürgt wird von dem Kragen,
Verschieden, eng vereint wie Zund und Wachs:

Wär eins nicht da, das andre könnt nicht rennen,
Wem fehlt der Docht, die Kerze löschet aus,
Der eine trocken, ohne Saft,... im Haus
Des fetten, feuchten Wachses könnt nicht brennen.

Der Leib, der Körper ohne Geist würd enden,
Wenn unentwegt nicht ihn durchströmt die Seel,
Die Einheit beider ginge fort und fehl,
Wenn nicht der krasse Gegensatz bestände.

Sind nicht oft paradox auch Mann und Frau?
Der eine in den Himmel ragt hinauf,
Tief treibt sie Wurzeln in der Erde Raum:
Gemeinsam ein Wesen bilden: einen Baum.

Was paradox, verschieden, Kräfte staut!
Mag sich so sehr in Gegensätze kleiden,
Nie werden wir das Rätsel lösen, meiden:
GEMEINSAM,... PARADOX,... vereint und baut!

August 1968

Requiem aeternam

Requiem aeternam, lispeln wir,
Unsre Toten sind nicht hier:
In die Heimat gingen fort,
Ohne Zeit sind, ohne Ort.

Heim sie gingen, GOTT zu preisen,
Singen schöne, schlichte Weisen,
Aus der Nacht sind nun im Licht,
Schaun des S c h ö p f e r s   A n g e s i c h t.

In der Menge überall,
Nicht mehr leben in dem All,
Doch in jenem weiten Reiche,
Wo nicht Arme sind, noch Reiche.

Alle sind gelangt ans Ziele,
Denn nicht einer nur, doch viele,
In der Ewigkeit Gewand,
Blendend Licht aus IHM gesandt.

DER die Quell des Lebens ist:
Ein Gedanke DESSEN bist,
DER die Sterne überall,
Licht erzeugt und auch den Schall.

Stets umströmt von Himmelschören,
Engel singen IHM zu Ehren.
Nicht mehr Raum ist, noch die Zeit,
Endlos steht die Ewigkeit.

Mai 1997

Das Rad

Ein Mensch den Kreislauf der Natur,
Die Sonnenscheibe schaute,
Verfolgend der Gestirne Spur,
Das Rad entdeckte, baute.

Seit jener Zeit rollt es dahin
Das Rad aus Menschenhand,
Und leiht ihm Stütze, führet ihn
Im Leben übers Land.

Stets vorwärts eilet, hat nicht Ruh,
Kreist ohne Unterlass,
Strebt unentwegt dem Ziel zu,
Auch ohne den Kompass.

Das Rad wird nimmer stille stehn,
Bleibt nie am selben Ort,
Es muss sich stets nach vorne drehn,
Und rollet weiter fort.

Verfolgt die Bahn und eilt ihr zu,
Es ist dafür geschafft.
Und strebt dahin, bleibt ohne Ruh,
Zum Ziel mit aller Kraft.

Das Rad muss rollen, fliehen, eilen,
Wird nimmer rasten, stehen,
Und nie im gleichen Punkt verweilen,
Doch stetig vorwärts gehen.

Die Speichen drehen, kreisen mit,
Am gleichen Orte kleben:
Zum Ursprung, mit bequemem Schritt,
Zurückzukehren streben.

Derweil das eine vorwärts eilt,
Das andre rückwärts geht:
Was gegensätzlich scheint verteilt,
Als Einheit wirkt und lebt.

. . . .

So geht es mit dem Rad der Zeit:
Kopfüber stürzet hin,
Und rollt und rollt,... bis Ewigkeit
Ein Ende setzet ihm.

Das Lebens Rad stets schafft und zeugt,
Generationen macht,
Wenn eine sich zum Tode neigt,
Die andre neu erwacht.

Es dreht das Rad sich der Kometen,
Wie das der Elektronen,
Die Sonn umkreisen die Planeten,
Und das Proton die Ionen.

Wo Schöpfung waltet rollt ein Rad,
Von Unruh fortgetrieben,
Das Leben ist erfüllt von Tat,
Bewegung ihm beschieden.

*Selbst in des Felsen starrer Wand
Atome drehen, dröhnen,
Ein Kreisen in der Wüst heissem Sand,
Und wo die Wasser strömen.*

. . . .

*Doch wenn das Rad dann stille steht,
Der Drang in ihm verbleicht,
Dann kommt das Sterben, es vergeht,
Die Seele aus ihm weicht.*

*Wo Leben waltet, dreht ein Rad,
Treibt vorwärts in der Zeit,
Bis es in G o t t gefunden hat
Die Ruh und Ewigkeit.*

20. Juni 1967

Das Riff im Meer

Ein Felsenriff ragt aus dem Meere,
Umspült von Wasser, Leben, Licht.
Hoch über ihm fliegt, tanzt ein Reiher.
Der Horizont in weiter Sicht
Schlägt einen Bogen um die Leere.

Die Sonne die Wassermassen küsst,
In ihrem letzten Rot sich ballt,
Verlässt die Welt, noch einmal grüsst
Den Felsen und der Erde Leier,
Die aus dem Riffe tönt und hallt.

30 Dezember 1968

Rosen und Verse

Verse will ich anstatt Rosen spenden!
Blumen spriessen, blühen,... rasch verenden,
Allzu kurz ihr Sein!... Dem Lebensende
Neigen sie sich hin, verblühen, fallen,...
Reine Verse aber nie verhallen,
Wenn ihr Klang gar duftig zu uns eilt,
Ohne Zeit, – doch immerdar verweilt.

Rosen blühen, strahlen aus ihr Rot,
Doch zu balde künden sie den Tod.
Blumen jauchzen auf für Augenblicke,
Doch zu rasch!... gebrochen vom Geschicke
Dorren ihre Leiber, trocknen ein:
Ihre Seele singt,... zerrinnt mit Pein.

Verse aber aus dem Herzen springen,
Frisch geboren hüpfen sie und singen
Tief ins Menschenherz und in die Seele,
Blühen stets von neuem, wenn die Kehle
Sie erschallen lässt und ruft den Reim:
«...Verse leben, ewig ist ihr Sein!».

Weihnacht 1966

Sinne und Seele

Die Schale, die mein Sein umhüllt,
    Schien kalt und teuer
Der Kern jedoch ist überfüllt
    Von Glut und Feuer.

Wer hätte das von mir gedacht,
    Dass mein Verstand,
Mein Herz ergriffen, leis und sacht
    Die Liebe fand!

Im Auge, dessen Bau ich kannte,
    Erblickt die Seele,
Die mich berührte, zu mir rannte,
    Gleich einer Welle.

Dem Herzen, dessen Schlag wir hörten
    Nicht ohne Beben,
Entsprangen Klänge, mich betörten
    So reich an Leben.

Das Ohr jedoch, das tausend Laute
    Analysierte,
Ergriffen von Musik, es baute
    Und konzertierte.

Die Hand gewohnt die Waff zu führen
    Mit Kraft und Wucht,
Die Seele wird sie dann berühren,
    Die sie gesucht.

Durch ein verklärtes Antlitz strahlt
  Gleich wie die Sonne,
Aus einem Menschenwesen hallt
  Gesang und Wonne!

13. August 1967

Schneeflocken
Im Appenzellerland

Es ruht das Land jetzt, die Natur,
Ein weisser Mantel sie umhüllt,
Geschützt, geborgen ist, erfüllt
Von Schweigen,... Im Schlafe liegt die Flur.

Die Bäume stehen leer und kahl,
Das Leben aus den Zweigen wich,
Eh sie des Winters Frost bestrich,
Erstarret sind und fahl.

Der grüne Pelz der Tannen,
Die an den Bergen hangen,
In seinen Armen trägt den Schnee,
Das Schweigen spiegelt sich im See,
Musik verrauscht, vergangen.

Die Felsen dröhnen, zittern,
Von Schneelawinen sind erschüttert,
Geknickt der Wald, und überschüttet
Das Tal, von Gletschersplittern.

Das Leben ruht im Schlaf,
Von Frost und Eis wird eingehüllt,
Bedroht in seinem Sein!... Erfüllt
Von Todeshauch – und Straf.

. . . .

Die weisse Flocke fällt,
Gelöst aus Wolken hoch im All:
Gleich wie ein Stern und ein Kristall
Vom Himmel!... Grüsst die Welt.

Der Mensch im Haus geborgen,
Am Feuer wärmt sich und am Licht:
Zu neuem Leben, Zuversicht
Erfüllt ihn für den Morgen.

1969

Scheiden

Alles muss scheiden, sobald die Reife die Zeit erreicht!
Unerbittlich Natur dies höchste Gesetz gebeuet.
Nacht zum Tage hingleitet: aus den Blüten die Früchte.
Abschied und Gehen wurde des Menschen innigster Anteil.
Weil unser Sein,... ruhelos stets,... zum Bleibenden neigt,
Wird unser Wandern zum Weh, nachdem die Freude erleucht.

Standhaft inmitten des ständigen Kreisen steht unser Werk!

Obwohl wir weichen, wird es bestehn,... wir aber vergehn!

1968

Sehnsucht

Ich suchte sie,
Und konnte niemand finden.
Ich rief!... doch sieh:
Sah plötzlich mir entschwinden.

Zu ihr ich tret,
Verfolge stets die Spur:
Vom Wind verweht
Ihr Fusstritt auf der Flur.

Zum Himmel lauschte,
Wo sie geschrieben stand.
Ihr Atem rauschte
Im heissen Wüstensand.

Ihr Antlitz lachte
Laut aus dem Meeresgrund,
Mein Weh entfachte
Der Hauch aus ihrem Mund.

Ich wollt sie greifen,
Doch wieder war sie fort.
Durch Berge streifen,
Eilt hin von Ort zu Ort.

Erklomm die Höhn,
Wo ich sie wähnt zu schauen
So reich und schön!
Durch Wälder zog und Auen.

*Der Frühling lacht
In seiner Blütenpracht.
Zur Sommernacht
Ich stürmt ihr nach mit Macht.*

*Der Winter kam:
Ich fand sie nimmermehr.
Ein reifer Mann
Ich ward,... mein Herz schien leer.*

*So rief ich wieder:
«S e h n s u c h t», wo bist Du?
Steig zu mir nieder,
Gib meiner Seele Ruh!*

*Allein ich schmachte,
Gewähr mir Deine Hand.
Mich nicht verachte,
Mein Sein ist Dir bekannt!*

6. August 1967

Der Sturm

Der Wind stürmt an, ruft laut «Wu-uh!»
Er heulet, ächzt und pfeift.
Sein Brummen, Blasen streift
Mein Ohr, – dahin ist Schlaf und Ruh.

Der Schöpfung unaufhörlich Singen,
Die Weltenchöre stöhnen,
Um Hilfe rufen, dröhnen:
Den Luftstrom in Bewegung bringen.

Aus ihm den Sturm entfesseln, toben,
Die Wolkenwände spalten,
Die Wasserwellen falten:
Der Wind schlägt um sich, speit nach oben.

Zahlreiche Kehlen geifern, schnauben,
Entfesselt sind der Geister Mächte,
Sie brüllen pausenlos,... Die Nächte
Sind voller Graus und Hexenzauber.

Ist Wind denn nur bewegte Luft?...
Des Urwalds Tiere wimmern,
Der Menschheit Schreie schimmern
Im Äther. Des Dämons Krächzen ruft.

Wenn alle Wesen auf der Erden
Im gleichen Chore singen,
Der Engel Scharen klingen:
Zum lauten Sturm die Winde werden.
. . . .

Doch wenn des S c h ö p f e r s Stimme tönt,
Den Kosmos aus den Angeln hebt,
Mit s e i n e m H a u c h die Welt belebt:
Dann schweigt die Schöpfung!... Gott versöhnt!

15. Mai 1967

Sein und Haben

Wo Armut herrscht, da traf ich ihn,
Den Bettler, zerfetzt sein Kleid und Rock,
Armselig gestützt auf seinem Stock,
Sitzt in den Gassen, schweift dahin.

Hat nicht ein Haus, das ihm kann nützen,
Entbehrt ein Bett, schläft auf dem Gras.
Die Nahrung fehlt, kein Wein im Glas.
Zerfetzte Schuh die Füss nicht schützen.

Der Bettler steht, sitzt in den Gassen,
Der Hunger nagt den Magen ihm.
Der Namenlose wandert hin,
Auf grossen und auf kleinen Strassen.

Erbarmen ruft er, habt mit mir,
Almosen spendet meiner Hand.
Auch euer Glück ist wie der Sand,
So rasch verweht,... was zaudert ihr.

Auf einer Geige spielt er noch,
Aus seinem Herzen sprudelt Freud;
Habt acht, gar schnelle kommt das Leid.
So helft mir, unterstützt mich doch.

Ein Lächeln fährt ihm durchs Gesicht,
Denn heute war ein grosser Tag:
Mit einem Gulden er vermag
Zu kaufen Brot für sein Gericht.
. . . .

Der reiche Prasser kommt daher
Begleitet von der Freunde Schar,
Im seidnen Kleid, mit schwarzem Haar,
Die Taschen voller Geld und Ehr

Sein Kummer liegt im Angesicht,
Die Sorgen um den Haufen Gold.
Die Diener stehn in seinem Sold.
Er ist besorgt und freut sich nicht.

. . . .

Der Bettler lebt aus seinem Sein,
Geniesst die Freude ohne Hab;
Der Reiche denket nicht ans Grab:
Des Geldes bar, er fällt hinein.

26. Dezember 1976

Die Schöpfung

> ...et DEUS dixit: «Fiat Lux», et lux facta est...
>
> *Moses, Genesis*
>
> Todo fué creado por Nuestro Padre DIOS y por SU *PALABRA*.
>
> «*Popol Vuh*», mas antiguo *Libro de los Mayas*

GOTT aus dem N i c h t s erschuf die Welt, sprach «WERDE».
Das Meer, die Wasser trennte von der E r d e,
Aus deren Schosse sprossen Blumen, Bäume,
Insekten, Saurier flogen durch die Räume.

Doch das Erschaffne schweigend stand es da,...
Als GOTT die Schöpfung unvollendet sah,
SEIN brausend Wort *erdröhnet,... wie im Scherz*
Den Menschen formt, ihm gebet Zunge, Herz,

Auf dass er lieben könne SEINEN HERRN,
Mit Lobpreis, Beten und Gesang,... von fern
Im Zwiegespräch erklangen die G e d a n k e n,
Des H e r z e n s Überschwang, der Sehnsucht Ranken.

GOTT schuf den Menschen SEINEM BILDE gleich,
Und liess ihn herrschen in der Welten R e i c h,
Mit Denken, Forschen neue Schätze heben,
Und Anteil nehmen an der GOTTHEIT LEBEN.

. . . .

Dem S c h ö p f e r ähnlich, geht der M e n s c h ans Werk:
Aus der Materie, welche ohne Wert
Darnieder liegt, die ohne Form und Schein,
Er baut und schafft,... haucht tief das S e i n ihr ein.

Hinunter steigt zum Abgrund seines Herzen,
Gräbt aus die Schätze seiner S e e l; mit Schmerzen
Reisst sie heraus, erlöst sie von dem «ICH»,
Befreit von Dunkelheit, führt sie ans L i c h t.

. . . .

Gleich einem Kinde in der Mutter Schoss
Gedanken spriessen, wachsen, werden gross:
Der S c h m e r z hat sie erzeugt, geformt, gereift,
Wie P e r l e n aus dem H e r z e n abgestreift.

Weihnacht 1966

Der singende Greis

Mit bleiernem, zögerndem, schwankendem Schritte,
Von Ferne mit Mühe und Ächzen und Weile,
Er schleppt sich nur langsam und zählt die Tritte,
Ich glaubte er stehe,... er meinte er eile.

Als endlich im Takte des Schneckengespann
Er näher gewackelt, bewegend den Lauf,
Am schneeweissen Haar ich erkenne den Mann:
Von Ehrfurcht ergriffen ich wurde darauf:

Denn seht den verkümmerten Menschen, ein Weise,
Mit spärlichem Leben nur wenig entzündet,
Trotz Schwäche und Not er singt dann noch leise:
Vom Reichtum und Glück der Seele verkündet.

Sein Leib, aus Erde und Wasser gebaut,
Vollendet den Lauf, zum Grabe hinneigt,
Was Leben ihm gab, wird niemals geraubt:
Zum ewigen Quell die Seele steigt.

26. Dezember 1945

Soledad

In meiner Seele lag das Bild der Frau,
        Die mir entsprach:
        Der Spiegel meiner Seele.

Als sie erschien und ich versank in Schau,
        Verblüfft, erschrak,
        Geblendet von der Helle,

Die meinen Sinn erfüllte und mein Herz.
        Ein selig Glück
        Durchflutete mein Sein.

Sie kam,... und ging,... Es folgte ihr der Schmerz,
        Als ob ein Stück
        Von mir genommen sei.

Ich suchte «S o l e d a d» und rief nach ihr
        In allen Gauen,
        Die ganze Welt umfing.

Das Wandern und die Unruh zeigten mir,
        Dass all mein Schauen
        Nach einem Menschen ging.

In allen Städten schrie ich «S o l e d a d»!
        Stieg auf den Berg,
        Und setzte übers Meer.

Ich ruhte nicht, war voller Drang und Tat,
Doch wie ein Zwerg
Das Glück blieb klein und leer.

So werd ich irren hier auf dieser Welt,
Dem Bild nachjagen,
Das tief im Herzen glüht.

Das Sehnen nach der hohen Frau erhellt
Die Lebenstage,
Wenn Liebe spriesst und sprüht.

Februar 1967

Schlaf

Hältst, Schlaf, denn Einkehr nicht,
Obwohl ich auf dich warte?
Die Turmuhr schon, im Licht
Des Monds, die längste Stunde schlug,
Ruhlos die Zeit nach vorne trug,
Damit sie gehe, weiterschreite,
Mich führe unentwegt und leite:
Durch Zeit und Raum ich wandle
Und träume, denke, handle.

Doch weil der Schlaf nicht kommen will,
Ich wälze ruhlos mich, denn still
Und einsam ist es um mich her:
Die Menschen ruhn, der Tiere Heer
Im Feld und in den Bäumen,
Sie schlummern, schlafen, träumen.

Derweil ich wache, liege, sinne
Mit Ungeduld, damit zerrinne
Die Zeit in ihrem langen Lauf,
Auf 1 Uhr geht des Zeigers Knauf,
Und keinen Schlaf ich kann nun finden.
Gedanken, Sorgen mich stets binden
Und nagen tief ins Herz hinein:
Gestalten kommen,... gehen heim,
In dunklen Höhlen wohnen,
Dort wo die Nächte thronen.

*Ach wär ich Bauer, einfach, matt,
Mein Herz es fände Ruhestatt,
Doch da Gedanken mein Beruf,
Auch in der Nacht erschallt der Ruf,
Lässt mich die Ruh nicht finden.
Gespenster mich umwinden,
Die mich umfangen, kosen,
Mein Aug und Ohr umtosen.*

*Halt ein, umschling mich Schlaf;
Du bester Freund erschaff
Entspannung, Frieden, Freud,
Halt fern den Schmerz, das Leid.
Du Schlaf, des Menschen Freund,
Besuche mich und stärke,
Damit ich morgen Werke
Erschaffe und erbaue,
Die Frucht der Arbeit schaue,
Dass ich gestärkt und frisch
Des Morgens reich Gemisch
Am nächsten Tage trage,
Und frei von jeder Plage.*

*Gereinigt und gestählt
Die Seel dem Leib befehlt,
Dass er sie führe meilenweit,
Und mich erfüll mit Kraft, bereit
Die Pflicht voll Mut zu tragen,
Durch Schwäche nicht verzagen.*

Drum komme Schlaf, verwandle,
Bring Lethe, dass ich wandle
In Träumen, die mir helfen
Zu tanzen mit den Elfen.
Die volle Lebensfreude
Mir schenke, mein Gebäude
Erfülle mit Gesang
In meines Schlafes Gang.
Mir gebe das Geleit,
Lass ruhen fern vom Streit
Des Alltags, mich verwandeln
Durch deine Labung handeln.

Schlaf komme, füll mich aus,
Nimm ganz Besitz vom Haus,
Das mich umhüllt, beschützt,
Den Geist behütet, stützt.
Die guten Engel schicke.
In ihrem Chor verstricke,
Mit deren Jubel fülle
Mein Herz und meine Hülle.

. . . .

Wenn weggescheucht die Nacht,
Ich schreit zur Tat mit Macht!

29. Januar 1970

Der Stein

G o t t sprach zum S e i n e m DU: lasst Zeit uns ballen,
Die Räume bauen, wo die Leere klafft!
Des S c h ö p f e r s H a u c h das Universum schafft,
Aus S e i n e m G e i s t und H e r z die Sterne fallen.

Gewaltig, glühend, strömen aus in Schwärmen,
Endlose Bogen schlagend um die Sonnen,
Des Weltalls undurchdringlich dunkle Zonen
Mit Licht erfüllen und mit Feuer wärmen.

Gleich wie die Sterne in des Kosmos Hein,
Die Erde glühte brannt, – ein Feuerball,
Gespiesen von der Ur-Kraft in dem All,...
Vom Meer gekühlt, erlöscht und wird zum Stein,

In dem verborgen, gleich Spuren, S e i n e n Schritt,
Des S c h ö p f e r s Hauch, Gedanke... Seine Hand
Die Erde birgt, behütet in dem Sand
Der Rinde, aus Marmor gebaut und aus Granit.
. . . .

Ist nicht der M e n s c h aus Stein und Erd geboren,
Sein Denken ähnlich dem Abbild von dem G o t t,
Der dieses Wesen formt mit einem Wort?
Die Kron der Schöpfung nicht im Mensch erkoren?

Gleich wie des S c h ö p f e r s Atem gab dem Leib
Die Form, aus ihr der Seele Quelle fliesst,
So der Gedanke aus dem Menschen spriesst,
Durchdringt den Stein, dass in ihm Leben bleib.

Mit Hammer, Meissel stürmt er auf ihn ein,
Und nicht mehr ruht bis in des Marmors Grund
Der Mensch getaucht,... Aus der Materie Schlund
Das Leben hebt, befreit es von dem Stein.

So wie aus Wüstensand die frische Quelle,
Hervorgezaubert der Oasen Palmen,
Des Menschen Hammer wird den Stein zermalmen,
Und Leben aus dem Dunkel führt zur Helle.

Schlag ein!... Schlag ein! Befreie neue Wesen,
Durchdring den Stein, gib ihm von deinem Blut!
Erfülle ihn mit der Gedanken Gut,
Stets frisch erwecke, was erstarrt gewesen!

Denn in des Marmors Herz und tiefsten Schluchten
Ruht der Gedanke, von G o t t hineingesteckt
Und wartet, bis vom Menschen auferweckt,
Zum S c h ö p f e r eilt, D e n wir im Weltall suchten.

16. Juni 1967

Die Strasse

Die Strasse dehnt sich übers Land,
Gleich einem Faden langgezogen,
Gerade, schlank zieht ihre Bogen,
Umspannt die Erde wie ein Band.

Durchquert die Steppen, grosse Räume,
Steigt zu den Bergen hoch hinauf.
Durchfurcht die Täler, folgt dem Lauf
Der Flüsse, berührt der Meere Säume.

Die Strasse unaufhörlich fliesst,
Geformt, gebaut aus Menschenhand,
Verbindet wie ein Netz das Land,
In alle Weiten sich ergiesst.

Sie ist belegt von Stein und Teer,
Gestaltet fest und stützt den Schritt,
Der Völkerscharen schwerer Tritt
Sie klopft und auch der Menschen Heer.

Wo eine Strasse, da ein Ziel!
Nach dem wir alle streben, schweifen,
Nicht ruhen bis wir's können greifen:
...Bewegt wird jetzt der Kräfte Spiel,

Das in den Muskeln tanzt und kocht,
Entfacht das Springen, Gehen, Schreiten,
Die kurzen Schritte und die breiten
Im Rhythmus vorwärts trägt und pocht.

Die Strasse scheinbar liegt in Ruh,
Doch ist Bewegung ganz ihr Wesen.
Stets vorwärts rollt sie nun indessen,
Dem Dorf, der Stadt, dem Ziele zu.

Und schau ich hin zum Kirchenturm,
Gleich einer Strasse senkrecht steigt
Zum Himmel hin, sein Finger zeigt
Das Rettungsziel im Lebenssturm!

1970

Schweigen

*Ich möchte Reime giessen,
Ein Lied soll daraus spriessen,
Doch bleibt die Muse fort.*

*Nichts hilft mein Warten, Rufen.
Hoch über steilen Stufen
Des Berges liegt der Ort,*

*In dem die Göttin waltet,
Mit Versen formt, gestaltet
Der Menschen Wohl und Weh.*

*Verklärt das Denken, Fühlen
Mit Liedern und mit Spielen;
Die Wirklichkeit ich seh.*

*Du Laute jetzt verstummest
Nicht kündest und nicht summest
Den Sang vom Menschenglück.*

*Die Muse ruht; – sie lachte.
Mit Schweigen ich betrachte
Der Sterblichen Geschick.*

*Zu jenem hohen Grale
Aus tiefem, dunklem Tale
Mit Sehnsucht schau ich auf.*

Ich werd' die steilen Zinnen
Mit Flügelschlag gewinnen,
Zum Lichte führt mein Lauf.

2. Juni 1956

Schicksal
Addio Anima Gemella

Der Jahre zehn geräuschvoll sind entschwunden
Seit sie mich liess:
Zurück ich blieb allein.

Als später kurz ich wieder sie gefunden,
Ein tiefer Riss
Im Herz und grosse Pein.

Ein andrer Mann ergriff von ihr Besitz.
Sie schaute mich:
In ihr Gemüt ich seh.

Stieg auf die alte Sehnsucht wie ein Blitz,
Denn nie verblich
In ihr mein Bild und Weh.
. . . .

Das Leben schlägt zu heftig auf uns ein,
Und trennt gar oft,
Was eng verbunden ist.

Mag noch so stark die Liebe in uns sein,
Was wir erhofft
Zerstört des Schicksals List.

1. Februar 1967

Salve Regina

Du Königin der Engel, der leuchtenden Heerscharen,
Gegrüsset sei! Die Völker, die hier sind und waren,
Sich alle vor Dir neigen, Gottgebärerin.
Mit Güte, Freude, Trost erfüllst der Menschheit Sinn.

Du hohe Frau, der Schöpfung grösste Zierde, Kron,
In dem verklärten, auferstandnen Leib, beim Sohn
Dem Schöpfer Gott, dreifaltig, Mensch zugleich, Du lebst,
Zu höchster Würd und Gnad die Kreatur erhebst.

Im grenzenlosen Reich der Himmel, ohne Ort,
Mit Cherub, Seraphimen, aller Engel Hort
Lobpreisest, singst und betest an den Gottes Sohn,
Durch Dich die Menschheit dringt hin zu Jahwes Thron.

Aus Dir die ganze Schöpfung in die Gottheit spriesst,
Durch Dich des Schöpfers Gnadenmeer zum Menschen fliesst.
Du bist der Schrein, der masslos voller Perlen ist,
Nach dem wir durstig lechzen, aus ihm zu schöpfen gibst.

Der Menschen himmlisch Heer, der Engel weite Scharen,
Mit Dir gemeinsam singen im Chor und mit Fanfaren:
«Hosannah!... In Excelsis Gloria Deo!... Amen».
«Ja Amen!»... ihr Echo klingt,... «Herr zeige Dein Erbarmen!».

Schau gnädig hin zu jener Schar der Sterblichen,
Die kämpft, verblendet und verstrickt ist und verblichen.
Zieh sie empor, Du himmlisch Mutter zu Dir hin,
Lass auf sie Gnade regnen, erlös sie Hüterin.

Maria, Himmelskönigin, DER aus Dir ward,
Aus D e m das Universum und aller Sterne Art
Geschaffen sind, durch DEN, der ist Dein göttlich Sohn:
Hoch über Sternen, Welten, erbaute Dir den Thron.

Dein Haupt umhüllt das grellste, blendend göttlich Licht,
Die Hände nach uns ausgestreckt. Dein Angesicht,
In dessen Spiegel leuchtet die DREIFALTIGKEIT:
Der S o h n im Va t e r: aus Deren Lieb der H e i l i g e G e i s t.

. . . .

Maria komm, steig nieder auf der Erde Bahn!
Hüll uns in Deinen Mantel, und zieh uns himmelan.
Des Frühlings Blumen und des Sommers reiche Pracht
Erfreuen auch Dein Herze, das mit uns singt und lacht.

Der Seen Murmeln und der Flüsse wildes Rauschen,
Der Berge und der Gletscher Kraft, der Winde Raufen,
Der Spinne feines Netz, der Vögel froher Sang,
Die Farbenpracht der Blumen und der Glocken Klang:

Sie alle, Gottesmutter, Dir ein Fest bereiten;
Zu uns komm, steige nieder aus Deinen Himmelsweiten!
Manch Kirche meine Ahnen Dir voller Huld erbauten,
Dein Bildnis immer malten, mit Sehnsucht nach Dir schauten.

Denn, Mutter, ohne Dich wir nimmer leben können:
Das Dasein ist zu hart; hilf uns im Kampf und Rennen.
Erfüll mit Wärme, Güte, mit Liebe diese Welt,
Drum wohne auch hienieden, verbleib in unserm Zelt!

Die Mutter ich verlor, die mir das Leben gab,
Drum komme Königin, steig Du zu mir herab!
Sei Du die Mutter mir, Dein Sohn ich möchte sein,
Bewahr mich immer gut, mein Herz erhalte rein.

Ich will Dein Ritter sein, Dein Herold hier auf Erden,
Du bist die Königin, mit Dir wir nie verderben.
Maria, Mutter zart, der Schöpfung höchste Zier,
In Gott wir sind gefangen, der Heiland wohnt in Dir.

. . . .

Und wenn der Tage letzter sich neigt zu mir herab,
Zum Himmel steigt die Seele, den Leib man legt ins Grab:
Dann singt der hohen Frau, der Welten Herr so nah,
Der Lobgesang der Engel: AVE... SALVE REGINA!

9. September 1971

Sieben Milliarden Menschen

Sieben Milliarden Menschen jetzt auf der Erde leben,
Zur gleichen Zeit, an jedem Ort die Welt umgeben.

Wenn in der kurzen Spanne von nur fünfzig Jahren
Den ungeheuren Strom der Menschheit wir erfahren,
Die aus dem Schoss der Mütter ihren Ursprung nahm,
Und neue Sprosse treibt im Stamm aus dem sie kam,
Wird masslos breit und tief der Menschheit Ozean.

Wenn wir zum Ursprung verfolgen ihre Bahn:
Wer schätzt die Zahl, den Lauf von diesem höchsten Wesen,
Das aus der Ur-Zeit kam, Sinanthropus gewesen,
Auf dessen Spuren man in Peking, Jawa stiess,
In Höhlen, Wüsten, Steinen die Zeugen hinterliess?

Sieben Milliarden Menschen im selben Augenblicke!
Wer kann die Grosszahl fassen, wer zählet die Geschicke,
Die aus ihr strömen, schreien, aus der Erde dampfen?

Der Massen Ausruf und Gesichter sich verkrampfen
Zu einer ungeformten, anonymen Sphäre,
Nicht einer nur ist es, doch sieben Milliarden Heere,
Die vorwärts stürmen in dem steten Drang der Zeit,
Gleich Schatten flüchten aus dem Jetzt zur Ewigkeit.

Ihr Leiden hat, der Tränen Flut noch keinen Namen,
Ihr Lachen, Stöhnen, Scherzen zu uns kamen,
Die Masse stöhnt,... gleich einem Wurm sich regt.
Sieben Milliarden Menschen, doch alle ohne Namen:
Wie heisst ihr Ziel, das Reich aus dem sie kamen?

Selbst wenn das Schicksal die Masse hat berührt,
Bleibt nur ein einzig H e r z, das fühlt und spürt,
In dem das Leid sich birgt und Tränen ranken,
Aus dem die Freude, und wachsen die Gedanken.
Einen jeden einzeln von vielen Menschenwesen,
Das Glück erfasst, vom Zufall auserlesen.

1968

Sursum corda!

Wenn ich gestrauchelt auf dem Grund,
Die nackte Stirne schlug mir wund.
Soll schmählich nun ich liegen bleiben,
Entmutigt jedem Ansturm weichen?

. . . .

Vom Boden will ich mich erheben,
Mit neuem Mut den Kampf erleben!

1946

Ein Sommernachtstraum nach dem Gewitter

Vorbei das Gewitter
Die Nacht ist da;
Vom Donner erzittert
Es fern und nah.

Ich lausche dem Rieseln
Aus feuchten Zweigen,
Die Blätter lispeln
Und Sterne steigen.

Die Erde ist trunken;
Es bebet die Luft
Von der Blitze Funken
Und der Blüten Duft.

17. Juni 1952

Schnee

*Entströmt dem Rachen der Natur,
Die Kälte steigt hinauf zur Flur.
Im Wolkenmeer der See zerfliesst,
Tief in die Nebel sich ergiesst.*

*Sie hauchet an der Berge Kämme,
Und klebet auf der Bäume Stämme,
Aus fernen Höhen kommen schweigend,
Die weissen Flocken nieder steigend.*

*Millionen lösen sich von oben,
Im Reigen ihren Schöpfer loben,
Und gleiten lautlos, schweben nieder,
Gleich Kerzenlichtern,... singen Lieder.*

*Aus allerhöchsten Sphären kommen,
Der Nacht, dem Dunkel sind entronnen.
Geräuschlos, still vom Himmel schweben,
Zur Erde fallen, neu beleben:
Denn makellos ist ihr Gewand,
Und weiss gefärbt durch sie das Land.*

*Die weisse Flocke bringt zumal
In Eis gehüllt, den Sternkristall,
Erscheint uns kalt, doch spendet Licht;
Ein Tropfen Sonn verdichtet sich.*

In jeder Flocke weiss und zart,
Verschieden in der Form und Art,
Gleich helle wie das Licht der Sterne,
Die in dem Weltall, in der Ferne
Uns grüssen, ihren Strahl entsenden,
Berühren des Universums Enden.

Die Sternenflocken in der Nacht
Ein Echo sind des Weltalls Pracht.
Sie blühen in dem Himmelsgarten,
Verwandeln weiss der Erde Scharten.

Gleich hellen Sternen sind gekommen,
Kurz leuchten auf, kristallne Sonnen:
Dieselbe Ruhe ist im All,
So wie der Flocken stiller Fall.

. . . .

Nicht einen Ton die Sterne zeugen,
Dieselbe Still der Flocken Reigen.

13. Januar 1969

St. Otmar

St. Otmar müde war und matt,
Den Abt St. Gallus hatte satt.
Zog deshalb fort, entlang der Glatt*,
Nach Reichenau, (jetzt Ruhe hat),
Der Insel auf dem Bodensee.
Genommen ward ihm Leid und Weh.

Dort liess sich schön und ruhig leben.
Vom Morgen – bis zum Abendstern
Die Glieder streckte aus zu gern.
Den Körper liess, den Geist erheben.

Aus dieser Erde dunklen Tücken,
In hohe Sphären wollt' entrücken.
Und setzt' gelassen sich dorthin,
Um auszuruhen am Kamin:
Das Kämpfen hat er satt, den Streit,
Nun denkt er nur an Ewigkeit.

. . . .

St. Otmar, am Luganersee,
Befallen ist vom gleichen Weh:
Musik, Musik ich komponierte,
Trompeten, Geigen dirigierte.
Gab alles, was ich bin und hab:
Sonaten, Lieder,... göttlich Gab,...

* Glatt = der Fluss von St. Gallen in den Bodensee.

Aus meinem Ohr und Geist entsprossen.
Tatlos da sitz auf weissen Rossen,
Und schaue, was die andern tun.
Mich lasst in Frieden endlich ruhn!

Das göttlich Pfand mir ward geliehen,
Aus ihm die Künste sind gediehen.
Was fang ich weiter mit ihm an,
Der nichts mehr hat der Welt zu sagen,
Sie selbst mit Tönen anzuklagen?

Mit tausend Blumen der Musik
Den Strauss zu binden: unser Glück!
Die reichsten Schätze unsichtbar,
Der Töne Vielfalt wunderbar,
Neu auszugraben, zu entdecken,
Um so der Menschheit neu zu wecken
Der Wahrheit, Schönheit Born auf Erden.

. . . .

St. Otmar vom Luganersee
Befallen hat dich neues Weh:
Anstatt die Perlen auszuschütten,
Damit sie klingen, uns erschüttern,
Der Seele Mark ergreifen, zittern:
St. Otmar liest,... und hat vergessen
Die Muse der Musik, die er besessen,
Stets dröhnt und quillt in seinem Sinn!
In der Welt geht nirgends suchend hin.

Steif sitzt in seiner Klause drin,
Liest Dante nur und Solschenizyn.
Am Telekasten und am Ofen
Sitzt Meister Otmar!... doch wir hoffen,
Dass nach dem langen Winterschlafe
Des Komponisten Muse schaffe,
Weck meinen Freund und Meister auf,
Durchdröhne ihn mit neuen Stimmen,
Der Erde Schönheit zu besingen!

19. März 1974

Stolz und Demut

«Non serviam»! schrie die Schar von Luzifer,
Als Gott erklärte, dass er als Mensch sich kleide,
Die Menschheit entreissen wolle aus dem Leide,
Das nach der Sünde Adams lastet schwer.

«Quis ut Deus»! Sankt Michael erdröhnte,
Und schmetterte die überstolze Macht
Tief in den Abgrund, wo kein Licht doch Nacht.
Doch Luzifer, zeitlos, sich nicht versöhnte.

Der makellosen, demütig stillen Magd
Ihr «Fiat»! war der Menschheit grösste Tat;
Demut Maria ausgesprochen hat,
Der Gottessohn zu ihr den Thron betrat.

. . . .

Der Stolz fortschreitet bis heute in der Zeit.
Der Menschen Protzen, als ob sie Götter wären;
Ihr Aufstand auf der Erde und den Meeren
Kennt keine Grenzen!... Dem Abgrund sind geweiht.

Der Bösen Taten stets die Erd bedrohen.
Die Macht, das Gold bleibt unentwegt ihr Ziel;
Mit der Materie treiben stolz ihr Spiel,
Sind blind, berauscht, mit der Vernichtung drohen.

Sie wissen nicht, dass Michaels Himmelsstreiter
Stets wachend, aus Kraft und aus dem Licht entsprungen:
«Wer ist wie Gott»! das Lied, das sie gesungen,
Noch klingt, durchströmt den Kosmos immer weiter.

November 1990

Ein Tropfen

Die Sonne heftig niederbrennt,
Mit ihrem Strahlenheer versengt
Die Erde, von Dürre hart bedrängt
Der Boden lechzt, zu Tod beengt,
Nach Wasser.

Ein flinker Wind kommt hergeflogen,
Und wälzt ein Wolkenschiff nach oben;
Dies segelt in des Äthers Wogen;
Aus ihm ein Kleinod wird gehoben,
Ein Regentropfen.

Ich schau zum nackten Tropfen hin:
Er liegt im glüh'nden Staube drin,
Zuckt heftig, schwankt und taumelt hin. –
Geschrumpft, verdampft was zu Beginn
Ein Tropfen.
. . . .

Des Schöpfers Kraft im Weltenall
Dreht nach Gesetz den Erdenball;
Darauf der Mensch mit Freud und Qual
Gestellt; mit Geist beseelt, – zumal
Ein Tropfen.

Der Weltenjahre lange Zeit
Ein Tropfen nur der Ewigkeit.
Durch Gottes Güt, Unendlichkeit
Der kleine Tropfen Mensch befreit.

November 1946

Träumen

Die Wirklichkeit der Welt mich hält gefangen,
Auf festem Boden stehe ich,
Des Schicksals Tücke kettet mich,
Mein Geist erkennt,... im Herzen brennt Verlangen.

Die Menschen, Tiere, Pflanzen, die Natur,
Sie rufen mir: «Du weilest hier!...».
Ergreifen will ich mit Begier
Der Dinge Wesen, suche ihre Spur...

Doch wenn mein Herz von Welt ist überfüllt,
Beengt die Seel von Wirklichkeit,
Die Flügel öffnen sich, bereit
Hinauf zu tragen mich, vom Traum umspült.

Von gestern träum ich dann, vom Paradies,
Wo ich als Kind ganz unbeschwert,
Hielt frisch und froh auf dieser Erd
Die Hand der Mutter, die mich nicht verliess.

Es war ein Reich erfüllt von Phantasie,
Mit Festen, Zeitvertreib und Spielen.
Die Weltenwunder mir gefielen,
Umbraust von Farben, voller Melodie.

Der Jahre Räume öffneten sich weit,
Denn ohne End das Leben schien,
Und masslos breit zur Zukunft hin
Das Traumbild schillernd überflog die Zeit.

Als ob ein Seher sprechen würd aus ihm,
Verkündete die Ideale,
Die mich bestrickt, die zu dem Grale
Mich führen sollten, verklärend meinen Sinn.

Die makellose Frau, von der ich träumte,
Maria ständig stand vor mir:
Ein Troubadour ich sang zu ihr.
...Zu mir hinführt sie Gott,... Der nichts versäumte.

. . . .

Wenn du mich frägst, was Traum, was Wirklichkeit?
Wovon wird unser Sein erfüllt,
Und unser Durst nach Glück gestillt?

...Sie führen beide hinein zur Ewigkeit!

13. September 1967

Totentanz

In des Kirchhofs dunkler Eck
Knochen werden auferweckt,
Deren Klappern mich erschreckt:
Tote tanzen wild und keck.

Gleich wie Schatten ist ihr Reigen:
Bald nach vorn, nach hinten neigen,
Ihre Schädel drohend zeigen,
Tanz, Gesang im Spiel der Geigen:

...«Was du bist, das waren wir.
Was wir jetzt auf Erden hier,
Bleibt beschieden Mensch und Tier.
Lasse fallen Geiz und Gier!...».

«Aufgelöst im Bett der Erde
Wird der Leib. Ein neuer werde,
Umgeformt und unbeschwert,
Auferstanden und verklärt!

. . . .

Wenn der letzte Augenblick,
Dann erfasst uns das Geschick.
Deines Lebensendes Stück
Bricht!... Dahin ist Geld und Glück.

Alle Güter, die dir lieb,
Lass auf Erden, schenk sie, gib,
Denn der Tod kommt wie ein Dieb:
Ganz allein bist,... drum vergib!

Welche Form hat er, Gestalt?
...Nur ein Beingerüst und alt,
Seine Arme eisigkalt?
Voller Grausamkeit, Gewalt?...

Auch als Freund mag Tod erscheinen,
Tröstend jene, welche weinen,
Schmerzen stillend,... und die einen
Rettet aus der Angst und Pein.

Hold und lautlos schleicht heran,
Nimmt den Greis, den jungen Mann,
Leis verschwindet in dem Kahn
Durch des Lebens Rausch und Wahn.

Fraget nicht nach Ruhm und Stand,
Ob geschmückt mit Kron und Band:
...Durch die Welt er sicher fand
Seinen Weg zum neuen Land.

Heftig schlägt der Tod herein
In des Schicksals dunklem Schein,
Unversehens stellt sich ein,...
Klopfet kurz,... und bringt uns heim:
Heimwärts trägt uns Bruder Hain.

In die Heimat führt uns fort,
Hin zum unbekannten Ort;
Weder Zeit noch Raum ist dort:
Sondern L e b e n, L i c h t und H o r t,

Das uns blendet und erfüllt,
Unser Sein mit Glück umhüllt,
Und den Hunger endlich stillt:
. . . .
Aus der Fülle G o t t e s quillt.

1. Juli 1970

Triebe und Drogen

Viel Menschen tappen in der Nacht,
Gepeitscht, getrieben von des Fleisches Macht,
Gequält, gekettet durch der Hormone Schlacht...

Das ganze Denken kreist ums inn're Beben,
Der Wollust Sklaven; – umsonst versprüht ihr Streben,
Umstrickt von Pein und Gier, ihr Herz hingeben.

Betrunken wanken, werfen sich ins Rennen,
Doch weder Ziel, nur klaffend Leere kennen:
Sie sind gefangen, können sich nicht trennen
Vom Trieb der reisst und masslos schreit und straft,
Die Freud ist fahl, das Leben ohne Kraft,

Er zerrt sie alle weithin mit sich fort:
Sie grinsen, schwitzen, finden keinen Ort
Wo Friede, Fülle, Freundschaft herrscht. – Ohn Glück
Ihr tolles Leben bleibt ihr arm Geschick,

Das viele Menschen in den Krallen hält,
Ihr Wille schweigt. Der Seele Mark zerfällt,
Ihr Los ist Unglück in der armen Welt.

2. September 1966

Trotz
An eine junge grollende Frau

Zu meiner kranken Mutter sich hinneigen,
  Die Hand ihr reichen,
  Erhofft ich, würden Sie.

Ihr langgezognes, vielbesagend Schweigen,
  Der Zeit Verstreichen,
  Zur Antwort gaben:... nie!
. . . .

Die Jahre werden kommen und dann gehen,
  Gebrechlichkeit
  Wird werden auch Ihr Teil.

Erst dann begreifen können Sie, verstehen,
  Was Ewigkeit,
  Und wie so kurz die Zeit.
. . . .

Der Mutter Herz Sie werden schlagen hören,
  So laut und stark,
  Wenn ihre Söhne Männer.

Des Schicksals heftig Pochen wird zerstören,
  Die Ruh im Mark;
  So fest wie tausend Hämmer.

30. Januar 1967

Ein Traum

Wenn träumend betrachte, überschau mein Leben,
In dem ich viel erhalten und gegeben,
Dann steigt aus jener grossen Menschenschar
Die Mutter, die mir Leben gab, gebar.

Noch eine andre Frau, die schön und fein:
Aus ihrer Fülle wurd ich reich und rein.
Erfüllte mich, mein Herz war voller Glück,
Im Denken, Reden war von mir ein Stück.

Was an mir fehlte, sie besass in Fülle,
Sie war das Wort und der Gedanken Hülle.
Gleich einer Blüte in des Urwalds Nacht,
Ich sah sie leuchten voll von ihrer Pracht.

2. Februar 1966

Die Träne

Die letzten Atemzüge brachten ihn
Von Stund zu Stunde näher zum Beginn
Des neuen Leben... Die Seele zuckte, ächzte,
Den Leib verlassend,... dem Ziel entgegen lechzte.

Mein Oheim rang nach Atem, lag im Sterben.
...Entrückt schon war sein Geist, und die Gebärden
Von Leid zerfurcht, vom langen Lebensweg.
Noch einen Schritt,... betrat den letzten Steg.

Der ihn zum S c h ö p f e r trug, aus D e m er ward.
Ein leiser, tiefer Hauch,... mein Onkel starb.
Zuletzt das Herz fast lautlos sich bewegte,... Sich legte...
Stand... Das Leben war vollbracht.

Gebrochen war der Augen Schimmer. Dann
Durch der Pupille Tor die Seele rann.
...Doch sieh die Träne, die einsam quillt hervor,
Als letzter Bote verlässt des Körpers Tor:
Und lautlos, still die Wang hinunterzieht.
...Das Leben weicht, entrinnt, erlöscht und flieht.

Die Träne, einer weissen Perle gleich,
Verkündet eine Botschaft aus dem Reich
Des Lebens, das den Mann erfüllt hat:
Sie leuchtet, glänzt, erzählt mir von der Tat.

In dieser Träne, gleich einem Spiegel, seh
Das Leiden ich, die Freuden und das Weh,
Die ihm das ganze Dasein ausfüllt:

. . . .

In eine Z ä h r e bleibt der Mensch gehüllt.

9. März 1969

Verstehen

Sie rief mir eines Tages heftig zu:
Verständnislos bist du und ohne Ruh!
Stets unstet gehst du aus nach neuer Tat!
Doch fern von Freunden und von gutem Rat.

In dich hinein versunken und ertrunken,
Aus deinem Geiste steigen Blitze, Funken.
Ein rastlos Kreisen um dich selbst herum,
Wie festgenagelt! Nach aussen bleibst du stumm.

Mit andern deinesgleichen, die dich suchen,
Zu öffnen deines Geistes Kern versuchen,
Damit aus dessen Seele steige Licht
Hinauf zum Nächsten, erleuchte sein Gesicht.

Wie kann ich deine Räume ganz ergründen,
Aus deren tiefen Ozean entzünden
Die Fackel die im Nächsten brennt und lechzt?
Durch Nahrung, Anteilnahme sich ergötzt?

Erfreut, erfrischt, gespiesen wird der Mann,
Erst wenn sein Geist mit andern teilen kann,
Was in dem Mark der Seele brodelt, fliesst,
Aus Überschwang dem Bruder sich ergiesst.

Und wenn vom letztern kommt der Widerhall:
Dieselbe Symphonie ertönt mit Schall;
Mein «Du» zu mir hinüber fliesset ganz,
Aus meiner Seel empfanget den neuen Glanz.

Dann weiss ich was es heisst verstanden sein:
Man ist zu zwei und nicht mehr ganz allein,
Der eine trägt die Bürde, macht sie leicht,
Der andre gibt sich ganz und gar, – erbleicht.

Damit sein Mitmensch wachse, sich entfalte,
Verwandelt, furchtsam in des Abgrunds Spalte,
Von seinem brennend Licht dem Bruder zünde:
Verständnis und Gemeinschaft ihm verkünde.

. . . .

Und doch wie schwer, wo diesen Menschen finden,
Mit dem sich meine Seele kann verbinden,
Die mit ihm schwingt und lachet ihn versteht,
Gleich Wellen gemeinsam auf und ab sich dreht.

Gott gab uns Menschen jene hohe Gabe,
Damit Besitz von ihr ergriffen habe:
Die ein «Das Wort», das mich zum Nächsten trägt,
«Die Gunst» vor allem, die uns eint und hegt.

2. September 1968

Vergehn und werden
Perecer para nacer

G o t t schuf das Leben,... dann gab er den Tod,
Damit das Werden stets sich neu ergiesse,
Gestalt und Form erhalte,... verwelke,... fliesse
Durch dieses Dasein, wo Verwesung droht.

Im Stirb und Werden schwebt die Kreatur.
Das Sein und Nichtsein, scheinbar Gegensätze,
Des Lebens Lauf beherrschen als Gesetze.
Durch Tod zur Auferstehung drängt Natur.

Indem das Werden hin zum Sterben gleitet,
Bewegung, Fluss ins Universum bringen,
Die ungeheure Spannung wird gelingen,
Aus ihr des Lebens Kreislauf zubereitet.

. . . .

Gleich wie das Maiskorn stirbt im Schoss der Erde,
Zu neuem Wesen, Sein muss auferstehn,
Obwohl sein Tod,... nur scheinbar sein Vergehn:
Die Pflanze aus dem Boden trägt das Werde,

So auch der Leib des Menschen, in der Gruft
Vermodernd in die Erde überfliesst,
Zu neuem Leben aufersteht und spriesst,
Verklärt,... beseelt ist,... weil der Schöpfer ruft!

13. September 1967

Verweht

Die Stapfen meiner Schuhe knirschen laut im Schnee;
Nur langsam vorwärts komm ich in dem Flockentreiben.
Eiskalt der Wind mich peitscht... Es ist für mich kein Bleiben
In dieser weissen Wildnis, denn, so weit ich seh,
Nur eines bleibt zurück von mir geprägt im Schnee:
Die Spuren meiner Schuhe, die Fährten meines Gang;

. . . .

Der Windsbraut Tanz erzittert, begleitet vom Gesang:
«Verweht, verweht des Menschen Arbeit, Werk und Klang!».

Der Wüste Sand gleicht einem ungeheuren Meere,
In Dünen, Tälern breitet seinen Teppich aus.
Soweit mein Auge reicht, kein Baum, kein Tier, noch Haus:
Aus ihm der Brand entspringt, die Trockenheit und Leere,
Erfüllt ist von der Sonne glutgetränktem Heere.
Nur Spuren meiner Füsse in der Wüste kleben.

. . . .

Der Windsbraut Tanz erzittert, und ihre Schreie beben:
«Verweht, verweht der Menschen Schritte, Tat und Leben!».

Brasiliens Kontinent vom Urwald ist durchbrochen;
Lianen, Bäume stehen wild in dichten Reihen:
Ein grünes in sich selbst verschlungnes Dickicht leihen;
In dem der Jaguar, die Schlangen sich verkrochen,
Und tief im Grund die Fäulnis und die Dämpfe kochen:
Ein Mann die Spuren schlägt durch hoher Bäume Säulen.

. . . .

Der Windsbraut Tanz erzittert, kräht, die Luft durcheilt:
«Verweht, verweht der Menschen Sorgen, Freud und Zeit!».

Der Meere Wassermassen die Erde fest umschlingen,
Mit dem Planeten durch das Universum eilen:
In ihrem Abgrund das Plankton, Polypen, Haie weilen,
Der Wal, Delphine nach oben bis zum Lichte dringen.
Des Meeres Wogen im Aufruhr bäumen sich und singen:
Ein Schiff, von Menschenhand gelenkt, durchkreuzt die Flut,
Die Spur weit hinter ihm gleich einem Faden ruht:
. . . .

Der Windsbraut Tanz erzittert, schreit: «Bleib auf der Hut!».
«Verweht, verweht dein Leben wird, dein Hab und Gut!».

Du kleiner Mensch bist blind, nicht klug und strebst nach Glück?
Auf dieser Welt nach Ehre, Ruhm und Weisheit trachtest?
Du glaubst es bleibe stets der Tag?... Doch übernachtest,
Verträumst und schläfst, verlierst ein unermesslich Stück.
Was Du getan, gewollt, gebaut, kommt nicht zurück:
Dein Name wird verweht auf dieses Lebens Bahn:
. . . .

Der Windsbraut Tanz erzittert, sie trägt Dich auf dem Kahn,
Auf dem Du heimwärts fährst, und strebest himmelan.

1968

Vergangen

Vergangenheit kommt nicht zurück,
War leuchtend, voller Licht und Farbe,
Gesundheit spendete und Glück,
Verschonte nicht vor Wund und Narbe.

Der Mutter Worte widerhallen
In diesen Räumen immer noch;
Der Tante Reden weiter schallen,
Obwohl nicht hier,... ich hör sie doch.

Mit Liebe und mit Emsigkeit
Die schönsten Jahre sie beleben,
Stets seh ich ihren Geist umschweben,
Uns winken aus der Ewigkeit.

Die beiden Frauen gingen fort,
Und liessen uns zurücke hier.
Sie weilen in dem lichten Ort,
Wohin einmal auch gehen wir.

Es wird ein frohes Wiedersehen,
Das Christkind hat es uns versprochen.
...Die Ewigkeit wohin wir gehen
Ist lang!... nur kurz des Lebens Wochen.

17. Dezember 1970

Vergessen

Als ich krank auf dem Gelage,
Wunden, Fieber mich gepeinigt,
Als ich seufzte und die Plage;
Hundert Qualen mich gesteinigt,
Aus dem Kelch die Galle trank,
Endlos mir die Nächte schienen,
Hilflos stöhnte, wund und krank,
Wirre Träume mir erschienen.

Um Erlösung, Rettung lacht,
Ich erwachte aus dem Schlaf
Und vergessen war die Pein,
Als ob nichts geschehen sei.

Hast Du schon das Glück verspürt,
Wenn der Frühling rauscht und lacht?
Weisst Du wie er glüht und sprüht,
Wenn der Sonne Ball erwacht?
Und mit tausend Farbenfunken
Blumen machen uns betrunken.

Kannst Du jene Kraft ermessen,
Die im jungen Leben glüht?
Die verwandelt und vermessen
Neues schafft und sie verblüht?

Doch dann wieder kommt vergessen,
Und wir werden still und müd.

Aus des Schicksals wilden Falten
Löste sich die holde Frau:
Meinen Geist konnt sie entfalten,
Ich versank in tiefer Schau.
Wie ein Fisch im Wasser lebt,
Meine Seele nach ihr strebt,
Die Gedanken und Gefühle
Sich vereinen zum Gefüge.

Sie war Spiegel, ich Gestalt,
In ihr ruhte Sein und Halt.

Vergessen nun?... nein nimmermehr!
Die Frau ist fort und ich bin leer.

April 1966

Weihnachtskerze

Dein sinnvoll brennend Weihnachtslicht
Erleuchte Herz mir und Gesicht.
Mög es nicht nur die Wärme bringen,
Auch Liebe, Freud an vielen Dingen.
Wonach die Seele heiss begehrt,
Es uns verleiht ist und beschert.

Das Licht erleucht das ganze Jahr,
Verscheuche Dunkelheit, Gefahr!
Spend Wärme, wo die Kälte droht,
Beschütze uns vor Leid und Tod!

Licht brenne, wenn sie betet, wacht,
Schenk Feuer, Leben, spende Schein!
Licht tröste, richte auf ihr Sein,
Bring Helle dieser Welt und Nacht!

Weihnacht 1966

Die Waage

Wenn wir spielen,
Oder schaffen,
Und nach vielen
Werken schlafen,

Nicht zum Leiden?
Nur zu Freuden?
...Doch zu beiden

Zieht die Waage.
...Wenn zur Reife
Führt die Plage,
Fest sie greife!

April 1944

Winzerfest in Lugano

Meine lieben Frauen,
Der Herbst ist da!
Sie können mir trauen:
Von fern und nah,
Es strömen die Menschen
Aus allen Gauen,
Zu des Südens Grenzen,
Um Lugano zu schauen!

Vom Feste erdröhnen
Des Sees Stufen.
Es hallen und tönen
Der Berge Rufen.
Der Winzer jauchzt!
Es bereitet ihm Lust
Die Milch der Reb
Aus der Erde Brust!

2. Oktober 1952

Wo gehst du hin?

Ob ich wollte, oder nicht,
Ward in diese Welt geboren.
Als zuerst des Tages Licht
Schlafend, unbewusst erblickt,
Ein geheimnisvoll Geschick
Damals wurde mir erkoren.

Ohn mein Wollen dies geschah,
Konnt nicht denken;... Nackt und bloss
Ruh ich auf der Mutter Schoss:
Schicksalhaft nun lag ich da,
In der Mutter Arm ich sah
Diese Welt zum ersten Mal,
Voller Wunder überall.

Reifte schnell und wuchs heran:
Angefüllt mit tausend Fragen
War ich:... konnt sie kaum ertragen:
Riefen, redeten mich an:
« Wie lange dauern deine Tage? ».
« Wo der Fluss, in dem dein Kahn
Führt dich durch des Lebens Plage? ».

« Sag mir, wo denn gehst du hin?
Welches ist dein Pfad und Sinn,
Wo der Kompass, der dich rettet,
Wo das Seil, das fest dich kettet,
Vor dem Abgrund dich behüte?
Wo der Quell, aus dem die Güte
Deiner Seele sprudelnd springt,
Andern Glück und Hilfe bringt?...».
. . . .

Alsdann wurde ich gewahr,
Dass die Erde mich gebar.
Werde fest an sie geschmiedet:

Sie behütet, nährt mich, wieget.
Meines Daseins Lauf und Gang
Mit ihr teil, ein Leben lang,
Das ein Hauch, ein Augenblick:
In die Erde kehrt zurück
Meines Körpers Hülle nur.
Bald zerstört wird, was vergänglich,
Und gebaut von der Natur.
Gleich dem Samen in der Erde
Wird der Körper neu empfänglich,
Weil die Seele ihn durchweht,
Stützet, baut, und nicht vergeht.
Von der Erde und der Zeit
Losgelöst, zur Ewigkeit
Gleitet hin,... verfanget sich
In der Gottheit Sonnenlicht,
Unberührt von «war» und «werde»
Stets im S e i n und fern der Erde.

26. Januar 1971

Weiss

Der Weltenraum von Dunkelheit erfüllt,
Das Universum ist in Schwarz gehüllt.
Kein Licht bleibt an den Elektronen kleben,
Das All durcheilend,... und Leere ohne Leben.

Denn wo das Dunkel den Kosmos ausgefüllt,
Dort bleiben Licht und Farben ganz verhüllt,
So wie im All die Leere ist die Macht,
Das Schwarz das Weiss vertilgend, ruft der Nacht,

Die uns entseelt, den Geist verscheucht und hemmt,
Das Leben raubt, mit Tod uns überschwemmt.
Das Dunkel, weit entrückt von Licht und Welt,
Ist unser Sterben, unser Leichenzelt,

. . . .

Dort in des Universums tiefer Nacht,
Von Sonn beschienen glänzt der Erde Pracht.
In ihre blaue Hülle tauch ich ein,
Und bade hier im Licht und Ätherschein.

Zur Erde weiter ich hinuntergleit,
Dring in ihr feurig-rotes Purpurkleid,
Das mich umhüllt, als strömte aus ihr Blut,
Gespeist wird von dem Feuer und der Glut,
Die auf der Erde brodeln, leben, singen
Aus den Vulkanen brausend, Quellen klingen.

Doch wie zur Erd' ich nun mich neige hin,
Erschüttert und ergriffen wird mein Sinn:
Denn neue Pracht und nie geahnte Wonnen
Entströmen, leuchten wie aus hundert Sonnen:

Das Licht kristallisiert in höchster Fülle,
Das Auge plötzlich sieht die weisse Hülle
Von Schnee und Eis,... so makellos ihr Flor:
Das W e i s s vereint der Farben ganzen Chor.

Der Erde grüne, gelbe Symphonie,
Die purpurbraune, blaue Melodie
Erheben unser Herz mit Freud, Entzücken
Und weisse Berge zum Himmel uns entrücken!
. . . .

Dann steig ich wieder aufwärts himmelan,
Der Weltraum ist nicht Weg, nicht meine Bahn,
Auf der ich schweb zur Quelle aller Wonnen,
Wo ungezählte E n g e l s c h a r e n wohnen.

Die blauen Engel strahlen aus ihr Licht,
Als Boten finden bei den Menschen sich,
Durch Gottes Güte sind gesandt, bereit
Den Sterblichen zu dienen ohne Zeit.

Doch wie ich gleite hin bis zu den «Thronen»,
Die feuerglühend bei der G o t t h e i t wohnen:
Von Rot erstrahlt ihr Antlitz, ihr Gewand:
S i e   b e t e n   a n!... zu G o t t ihr Aug gewandt.

Verhüllen mit dem grellsten Feuerschein
Den dessen Wesen ist das «Ist» und «Sein»,
Aus welchem strömt das Licht der Ewigkeit.
. . . .
Bewusstlos stürz ich,... Es fällt mit mir die Zeit.

8. Februar 1968

Der Wind

Zu meinen Füssen ruht die Welt,
Der Berg erhebt sich über mir.
Umhüllt von Stille steh ich hier,
Kein Laut sich hin zu mir gesellt.

Da kommt auf Flügeln leis und sacht
Ein Lufthauch von des Berges Wand,
Zunächst nur zögernd übers Land:
...Der Baum erzittert,... schwankt und kracht.

Dann wirft sich von des Firnis Höhn
Der Sturmwind, braust mit Kraft heran,
Heult und schreit wie ein Orkan:
Entfesselt ist die Kraft des Föhn!

Er greift gewaltig um sich her,
Pflügt tiefe Furchen in den See,
Leckt gierig auf den letzten Schnee;
Des Waldes Rauschen gleicht dem Meer.

Hoch oben in des Äthers Hallen
Treibt er die Wolkenrosse an:
Sie stürzen vorwärts auf der Bahn,
Gebändigt von der Peitsche Knallen.
. . . .

Der Lufthauch meiner Seele gleicht,
Die mich durchflutet, stützt, bewegt;
Der Sturmwind, der vom Berge fegt,
Die Welt belebt:... ist Gottes GEIST.

1968

Das Wort

Die Stille wie ein Grab erträgt die Seele nicht,
Den Tod sie scheut, weil LEBEN ist ihr Sein und Duft:
Erstickt im Schweigen, gleich einer Flamme ohne Luft,
Sie dürstet nach dem Ton, lechzt gierig nach dem Licht.

Im Jubel der Natur die Seele schwelgt und lebt:
Der Vögel bunter Chor, der Tiere Wiehern, Stöhnen,
Der Wälder Rauschen, Bäche Zischen, Meere Dröhnen.

Der Laut im Äther ist geboren, schwingt und schwebt,
Sich an den andern knüpft und eine Kette webt
Aus Chören,... auf Wellen gleitend,... im Reigen singen, tönen.

Das Universum schweigt!... Lautlos die Sterne kreisen,
Ihr dumpfes Schweigen im Dunkel der Unendlichkeit,
Des Weltenraumes schweben,... dem Niedergang geweiht,
Denn ohne Leben die Riesenfeuerbälle gleissen.

Die Totenstille herrscht, da wo das Leben schweigt:
Verlassenheit im Dunkel, Frost sie fest umhüllen,
Des Geistes Hauch ihr fehlt, aus ihr die Nächte brüllen.
Das WORT, stets schaffend in alle Ewigkeit,
Aus dem die Schöpfung wurde und entstand die Zeit,
Der LOGOS spricht:... sein Echo die Seele kann erfüllen.

Und auf der Erde, wo das Leben wird geboren,
Der Mensch aus Tönen webt Musik und Symphonie:
Die unsichtbar, mit Wohlklang im Äther sich verloren,
Der Gotik Kathedralen baute das Genie.
. . . .

Mit Schreien, Heulen der Mensch die Ohren kann zerschlagen,
Erweckt die grellen Stimmen aus den Teufels-Chören,
Die in dem Abgrund tosen, kreischen und zerstören:
Der Worte Wirbel tötet,... die Seele wird zernagen.
. . . .
Aus dem Getümmel, Lärm der Strasse lasst mich fliehn!
...In einen Klostergarten, ruhig, voller Dinge,
In ihm die Blumen, Blätter flüstern,... Schmetterlinge
Den Melodien lauschend, im Äther schweben hin.

27. Juli 1970

Wo bist Du Gott

Die Wellen wälzest in den Meeren,
Die Bäume pflanzest in den Heeren
Der Wälder... Die Kontinente tragest,
Und Blitze zündest, Donner jagest.

Die Würmer in der Erde hegst,
Die Samenkörner streust und pflegst.
Die Vögel hälst DU in den Lüften,
Die Fische in der Meere Grüften.

Den Quellen Wasser DU entlockst;
Vulkane schürst und Feuer kochst.
Den Bächen, Flüssen gibst den Lauf;
Die Gletscher rollest ab und auf.

Und aus den Wolken hebst den Regen;
Der Erde Frucht verleihest Segen.
Mit Nebel, Winden treibst DEIN Spiel;
Den Stürmen weisest DU ihr Ziel.

Das Leben schaffest auf der Erden,
Insekten formst und Saurier werden.
Die Tiere, Pflanzen ohne Zahl,
Aus D e i n e r H a n d sind überall.
. . . .

DU schreitest in den Weltenraum,
Und hälst des Universums Saum.
Planeten trägst DU auf den H ä n d e n,
Und lösest auf des Kosmos Enden.

Die Nacht des Weltalls ist D e i n Tag.
Der Sonne Licht erlöschen mag
In D e i n e r Nähe, D e i n e r Ferne:
DU bist der Herr, und baust die Sterne.

Obwohl DEIN Walten ohne Ort,
Allüberall ertönt DEIN WORT.
DU bist so fern und doch so nah,
Entfliehest fort,... bist wieder da.

. . . .

Wo bist DU GOTT, wo find ich DICH?
Tritt in mein Herz und tröste mich.
Nach D e i n e m Bild hast mich gemacht,
DU bist mein Leben, mein Gemach.

Denn aus der Schöpfung Vielgestalt
Gabst mir von DEINEM SEIN Gehalt.

. . . .

So nehm ich Teil für alle Zeit
Am Leben der DREIFALTIGKEIT!

15. September 1967

Was willst Du Herr?

Die grösste Aufgab, die mir überbunden,
Das schwierigste Problem, das auferlegt
Und mich beschäftigt, das mein Tun bewegt,
Trotz eifrigem Bemühn nicht überwunden,

Ist nicht im guten Kampfe mich zu üben?
Mit aller Kraft den Strauss fürs Heil zu wagen,
Das Schwert zu kreuzen gegen Satans Plagen,
Der Wahrheit Zeugnis geben gegen Lügen,

Des Lebens tausend Tücken gut zu meistern,
Der Krankheit und dem Tod ins Aug zu sehen,
Sich in die Schranken werfen, wenn Vergehen
Und Unrecht drohen von den bösen Geistern:

Dies ist die grösste Aufgab nicht im Leben,
Auch nicht das Ringen im Wettstreit der Natur
Und der Gewalten, gegen blinden Aufruhr,
Wie ihn der Erde Macht gebiert. – Wir beben

Nicht vor dem Schicksal, das dem Menschen harrt,
Ihn stets bedroht und steigert seine Not,
Ihn hintergeht und stürzet in den Tod:
Erzittre nicht, selbst wenn das Leben hart!

Im Kampf geübt ich diese Welt durcheile.
Entmutigt werde nicht durch Niederlage.
...Doch eines mich bis zu dem heut'gen Tage
Gefangen hält: bei dieser Frag verweile:

Was willst DU GOTT von mir, was soll ich tun?
Zu Dir erheb ich flehend meine Stimme:
Erleuchte meinen Geist und meine Sinne,
Damit durch Licht ich möge in Dir ruhn.

Sprich zu mir, Herr, verkünd mir Deinen Willen,
Damit ich Deinen Weg beschreite, gehe;
Vor Irrtum mich bewahr, ich zu Dir flehe.
Die Unruh kannst in meinem Herzen stillen.

Schenk Klarheit mir, damit ich Dich erkenne,
Und weiss mit Sicherheit, wo Deine Wege sind.
Du kennst mich gut: ich bin ein hilflos Kind,
Du aber Führer mir,... Dich «VATER» nenne.

5. April 1971

Der Wille-Gebet

Vor Irrtum, Gott, mich immer sollst bewahren,
Drum schweige nicht, gib Deinen Willen kund,
Lass strömen Deine Nachricht aus dem Mund,
Geduldig Deiner Wahrheit will ich harren.

Wenn endlich Deinen Willen erfahren kann,
Mit Schild und Schwert mich tapfer werde wappnen,
Und kämpfen treu für Dich, als kleiner Knappen,
Den Strauss bestehen als ein starker Mann.

Denn konnt ich den Befehl und Wunsch erfahren,
Von Dir, von Dir allein hast Du mich erkoren,
Dann weiss ich: nimmer werd ich sein verloren,
Wenn noch so hart die Prüfung und Gefahren.

Was willst Du, Herr, von mir? gib es mir kund.
Die einz'ge Frage, die mein Sein erschüttert,
Vor der ich schwank und mein Gemüt erzittert.
Verschliess Dich nicht,... ich häng an Deinem Mund!

Denn eines wurde meine Herzenssache:
In Deinem Willen verschmelzen soll der meine!
Mein «Ja» und «Amen» in allem sei das Deine!
So werde glücklich ich,... und gut es mache.

Ich bin nicht ich, Dein Wille möcht ich sein,
Von Deiner Güt erfüllt, mich ganz Dir schenken.
Mein Handeln sei Dein Kompass und Dein Denken.
...Vereint in Dir,... durch Dich ich gehe heim.

1970

Zwillingsseele

Ich suche das «DU»,
Und kann es nicht finden.
Ich hielt es im Arm,
Und sah es entschwinden.

Es war meine Seele,
Sie hauchte mich an,
Und trug mich hinauf
Bis zum Himmel hinan.

Es war mein Spiegel,
In dem ich mich sah.
Ihr Bild widerhallte,
Und war mir so nah.

Die Seele der Frau,
Die Gott mir erzeugte,
In meinem Herzen
Sich wiegte und freute.

Sie war mein Ich,
Und ich ihr Sein.
Das Denken und Fühlen
War beiden gemein.

Mein Wesen erquickte
Bei ihrem Gesang,
Ihr Herzschlag gemeinsam
Aus meinem entsprang.

Ein halber Mann
Ich war ohne sie.
Gemeinsam mit ihr
Ich ward zum Genie.

Erfüllet mich ganz,
Sie ist mein Geschick.
Doch wenn sie fern,
Bin leer und erstick.

Du Spiegel steh,
Ich entstehe in Dir.
Du Hauch ertöne,
Das Leben gib mir!

O Frau, gespendet
Du bist dem Mann.
Ihn zu erfüllen
Ist Deine Bahn.

Verschliesse Dich nicht,
Es wäre mein Tod.
Gib ihm Dein Leben,
Spend Wasser und Brot.

Du hohe Frau
Bring Licht und Kraft.
Bewege dein Antlitz,
Das Leben erschafft!

Denn ohne Dich
Bin arm und bloss,
Doch gemeinsam mit Dir
Mein Werk wird gross.

Dein Fehlen ist Not,
Dein Schweigen ist Frost.
Dein Dasein ist Leben,
Dein Fernsein Tod.

1968

Die Zeit

Der Strom der Zeit durchflutet Welt und Erde,
Dem Universum ähnlich seine Tiefen,
Verborgen im Ursprung, und seine Wurzeln schliefen,
Bevor der G e i s t des S c h ö p f e r s rief das WERDE!

So wie der Raum, die Z e i t geschaffen ward,
Ihr Wesen ist das stetige V e r ä n d e r n,
Durchströmt die Schöpfung bis zu des Kosmos Rändern,
Und alles was vergeht, wird aufbewahrt.

Seit sie geschaffen, schreitet Z e i t voran,
Unwiderstehlich, keine Grenzen kennt,
Ihr Fluss das Universum überrennt,
Und weiter eilet auf der dunklen Bahn.

Ist eine Stunde nur, sind tausend Jahre,
Sie alle sind vergänglich, fahren ihn,
Ihr Inhalt wird entleert,... den letzten Sinn
Im unbewegten SEIN erleb, erfahre!

Welch Spanne Z e i t umhüllt uns, liegt und wohnt
In einem Menschenleben? Vor der Schöpfung Dauer
Milliarden Jahre stehn gleich einer Mauer,
Auf der das Universum ruht und thront.

Ist eine Stunde nicht dem Tage gleich,
Sind hundert nicht Millionen und mehr Jahre?
Glaubst du es nicht,... so wisse und gewahre
Wie lang die Ewigkeit,... unmessbar, reich!

Die Uhr im Turm, das einzige Mass der Z e i t,
Ihr Pendel schlägt endlos, dumpf sein HIN und HER!
Der Stunden, Jahre, bis zur E w i g k e i t,
Ist ohne Hast,... bewegt das grosse HEER.

Die Glocke läutet uns der Z e i t e n Spiel,
Die Stunden-Schläge vergänglich sind und eilen,
Das «S t e r b e n» künden und das «W e r d e n»,
Denn nimmer mehr im «J e t z t» verweilen,
Unwiderstehlich drängen hin zum ZIEL.

. . . .

Einst wird der Pendel deiner Uhr erstarren,
Und stille stehn!... die Glocke nicht mehr schlagen,
Die Z e i t verstummt!... Und aus den alten Tagen
Die EWIGKEIT entschlüpft,... wird auf uns harren.

1970

Ewigkeit

Gott wird mich heben aus dem Pfuhl der Erden,
Um heimzutragen mich in jenes Reich,
Wo keine Grenzen, wo Nord und Süd nicht werden.
Und badet mich im Licht,... der Sonne gleich.

Die Zeit steht still, und keine Uhren schlagen.
Die Ewigkeit ist da!,... und nirgends ist
Das War und Werden!... Die Zeiten zu verjagen
Ich stürze mich ins All, zu DEM der IST.

12. November 1976

Ausklang

Gaudeaums igitur, iuvenes dum sumus:
Post iucundam iuventutem,
Post molestam senectutem
Nos habebit humus, hu..umus.

Wenn das Alter fortgeschritten
Gehn wir nicht mit leichten Tritten
Durchs bewegte Leben.

Unser Fechten, Streben
Hat ein Ende,
Denn behende
Kommt Herr Hein:

Sagt nicht «nein»:
Nimmt!... Und trägt uns heim.

Will uns sorgsam aufbewahren,
Mit dem Schweigen und Gebaren
Ändert nicht das Los!

Sind wir kleine, gross:
Alle *das Geschick erfahren!*

Aus dem Dasein und den Jahren
Wird zuletzt entschieden,
Welchen Weg hienieden
Wir beschreiten sollen.

Unser Denken, Wollen
Nicht entscheiden kann:

Gehen Frau und Mann,
In demselben kleinen Kahn,
Immer *die Katarakt hinan.*

30. Juni 1996

Notiz

In Herisau (Kt. Appenzell) geboren, stammelte ich als Kleinkind die ersten Brocken des tessiner, später des deutschschweizer Dialektes. Hier wuchs ich als Knabe auf, sang und spielte mit den Appenzellern: das Leben wurde ein Fest. Unvergesslich bleiben die beiden Lehrer der Primarschule: Hans Baumgärtner und der bündner Christian Capon. Das Gymnasium besuchte ich an der Kantonsschule von St. Gallen, wo vor allem Latein, Altgriechisch, Englisch und Mathematik meinen Geist fesselten und formten. In der Gallusstadt unterliess ich es nicht, ein Mitglied der Studenten-Verbindung «Corona Sangallensis» zu sein, in welcher ich schönste Stunden erlebte. So führten mich meine ersten Lebensjahre im Dasein dahin, glücklich und zufrieden an der Hand guter Eltern und unter der Führung hervorragender Lehrer: in St. Gallen wurden das klassische Altertum und die neue Dichtung mein Paradies, unter der Leitung weiser Lehrer.

An den Universitäten von Fribourg, Basel, Zürich, Genf, Rom, San Francisco USA und Los Angeles, später in Mexico-City am «Institúto Nacionál de Cardiología» (Prof. Ignacio Chàvez), flösste man mir neue und frische Gedanken ein. Zum reifen Mann herangewachsen, stürzte ich mich in den Ozean der Medizin und der Sprachwissenschaften: von diesen umringt, fand ich Zuflucht in der überragenden Kultur der Maya in Zentral-Amerika (Mexico, Guatemala, Honduras). Später hielt mich meine Privat-Arztpraxis als Internist und Kardiolog in Lugano gefangen.... Nun stehe ich hier, umringt von der Fülle des Lebens. Ein Gedanke erfüllt und ergreift mich, wenn ich den dröhnenden Ausruf des Erz-Engels Michael vernehme: «*Quis ut Deus!*». Weisheit und Güte des Gemütes hielten mich stets gefangen. Das Herz höre ich klopfen, die Gedanken sehe ich leuchten.

Der Lebens-Strauss geht dem Ende entgegen: «*Gratias Tibi ago! Domine*».

Achille Piotti

Finito di stampare
presso la Tipografia-Offset Stazione SA
Locarno
il 28 agosto 1999
giorno di S. Agostino